행복한 마음경영으로 고객을 초대하는
34가지 감성서비스

2007년 5월 30일 1판 1쇄 발행
2009년 6월 30일 1판 4쇄 발행

지은이 | 박영실
발행인 | 박영호
편집책임 | 박우진
편집팀 | 김영주, 김정아, 최미라
관리팀 | 임선희, 김성언
기획 영업팀 | 박민우
인쇄 | 유림문화사

펴낸곳 | 도서출판 하우
등록번호 | 제 2008-13호
물류센터 | 서울시 중랑구 망우동 364-18 1층
구입문의 | 02-922-7090
팩스 | 02-922-7092

값 11,000원
ISBN 978-89-7699-498-1 03810

행복한 감성서비스
34가지

서비스 향상을 위한 정진에 성원을 보내며

USA 투데이는 최근 보도를 통해 미국기업의 최고경영자들은 비즈니스 상대방이 식당 종업원을 어떻게 대하는지를 보고 그 사람과의 거래여부를 판단하는 경우가 많다고 보도하였다.

식당 웨이터가 실수로 CEO의 양복에 와인을 쏟았지만 봉변을 당한 CEO는 화를 내기는커녕, "오늘 아침 바빠서 샤워를 못했는데 어떻게 그걸 알았느냐"고 너스레를 떨면서 웨이터를 위로하고 격려해 주었다고 한다. 그리고 이러한 CEO를 보고 거래를 시작하게 되었다고 한다.

서비스는 말만큼 쉽지 않다. 많은 사람이 좋은 서비스를 받기를 원하면서 몸소 서비스를 실천하는 부분에는 미숙하거나 인색하기 때문이다.

국민소득 2만 불을 향하여 줄기찬 정진을 거듭하고 있는 우리나라에서도 서비스 향상을 위한 이벤트성 노력이 숱하게 많았다. 86 아시안게임, 88 올림픽게임, 그리고 2002 월드컵을 앞두고도 국가 차원의 서비스 수준 향상을 위한 조직이 만들어지고 범국민 친절, 청결, 질서 캠페인을 전개하였다. 그러나 이러한 캠페인이 일시적으로 끝나게 되어 무척 안타깝게 생각한다. 특히, 서비스 산업에 관련된 일을 하는 입장에서는 씨알이 싹 트고 줄기가 뻗고 가지가 튼튼해져 큰 거목이 되기

를 기대하면서 지켜보기 때문에, 그것이 중단되거나 좌절되는 경우를 보게 될 때
는 더욱 마음이 아픔을 느끼게 된다.

이번에 PSPA 박영실 원장이 네 번째 서비스 향상과 발전을 위한 저서를 내게
되어 아낌없는 성원과 격려를 보내고 싶다.

「행복한 감성서비스」는 생생한 서비스사례와 명확한 지침이 제시되어 있는 책
이기에 현재 서비스업에 종사하는 사람이라면 지위고하를 막론하고 큰 도움이 되
리라 생각한다.   삼성에버랜드 등 현장에서 오랫동안 서비스 교육을 담당하다 독
립하여 박영실서비스파워아카데미(PSPA)를 운영하는 박영실 원장의 끊임없는 열
정과, 전국민 서비스 마인드 향상을 위한 줄기찬 정진에 무한한 성원과 격려를 보
내고 싶다.   박원장의 네 번째 책 출판이 다섯 번째 서비스 복음서를 잉태시킬 수
있는 또 한 번의 계기가 되기를 바란다.

척박한 땅에 작은 씨앗을 심어 서비스 거목을 키우는 심정으로 중단 없는 정진
이 거듭되어 서비스를 통한 관심 · 배려, 칭찬 · 격려에 선도적인 문화가 우리 사회
곳곳에 확산되어 더욱 따뜻하고 포근한 사회가 되기를 기대해 본다.

삼성석유화학 대표이사 사장 허태학

서비스는 주고받는 것이다. 제대로 된 마인드와
철저한 준비, 자신만의 철학과 열정이 뒷받침되지 않은 채
내세우는 자존심은 실패할 수밖에 없다.
분명히 말하지만, 고객을 감동시킬 준비가 된 사람에게는
자존심이 필요하다.

들어가는 말

서비스맨 : 안녕하십니까? PSPA입니다.

고객 : 저그… 내일 교육 들어가는 권태기라는 사람인데여.

서비스맨 : 아, 네! 권태기 선생님! 안녕하십니까?

고객 : 단디 가르쳐 주소.

서비스맨 : 네? 죄송합니다만, 다른 데(단디)를 가르쳐 달라고요?

고객 : 야?

서비스맨 : (당황스러워하며) 선생님! 그럼, 어떤 교육기관을 원하시는지
　　　　　　 여쭤 봐도… 될까요?

고객 : ?? 단디(잘) 가르쳐 달라니까 단디(다른 데)를 가르쳐 준다고요?

서비스맨 : ??

어디 그 뿐인가?

서비스맨 : 안녕하십니까? PSPA입니다.

고객 : 여긴 광준디요. 거시기(교육)하는 데 얼마나 하는가요?

서비스맨 : 죄송합니다만, 다시 한 번 말씀해 주시겠습니까?

고객 : 거시기 하는 데 얼마냐니깐…. 서비스가 왜 이래!

서비스맨 : ??(저… 고객님, 거시기가 뭔지 알려주십시오!)

지금은 개떡처럼 말해도 찰떡처럼 알아들어야 ‘뭘 좀 아는 서비스맨’ 이라는 소
리를 듣는 시대다. 사실 ‘친절’ 이나 ‘서비스’ 의 개념은 이미 우리의 일상생활에 깊

이 개입되어 코흘리개 어린이조차 인심 좋은 만화방과 떡볶이집을 골라 찾아가고, 하다못해 길거리에서 장사를 하는 할머니에게 나물을 사더라도 한 움큼 더 얹어주는 곳을 찾게 된다. 그러나 '친절'이나 '서비스'라는 말이 본래 지니고 있는 넓고 심층적인 의미에 대해 정확히 파악하고 있거나, 그 개념에 대해 깊이 생각해 보는 사람은 드물다. 어쩌면 그것은 그 의미를 따져보기도 전에 이미 생활 속으로 깊이 파고들었기 때문인지도 모른다.

어쨌든 우리가 수박 겉핥기식으로 알고 있는 '서비스'라는 말에는 인간정신의 중심을 이루는 종교정신을 비롯하여 여러 가지 제반 철학의 개념까지 포함되어 있다.

따라서 삶의 토대가 되는 서비스 정신의 본뜻을 정확하게 파악하고 그 중요성을 인식하여 일상생활에서 자연스럽게 실천하는 것은 우리 자손들에게 베풀 수 있는 최대의 수혜라 할 수 있을 것이다. 이제는 서비스를 빼놓고는 그 무엇도 말할 수 없는 서비스 무한경쟁 시대가 되었다.

그런데 요즘 서비스에 많은 사람들이 식상해 한다.

그도 그럴 것이 특별한 것 하나 없이 어딜 가나 비슷비슷하게 받는 서비스의 획일성에 싫증과 염증을 느끼게 된다. 이제는 뭔가 달라져야 한다. 정보전달에 있어서는 디지털의 정확성이, 주고받는 대화에서는 가슴으로 느끼는 아날로그의 따뜻함이 공존하지 않으면 이제 경쟁력이 없다. 그래서 '디지로그'라는 신조어까지 등장하게 되는 것이 아닐까 싶다.

'고객은 언제나 옳다!'

'고객은 왕이 아니라 신이다'라고 외치는 스튜레오나드의 신조 규칙 1은 '고객은 항상 옳다’이고, 규칙 2는 ‘만약 고객이 옳지 않다면 규칙 1을 상기하라’이다.

노드스트롬 백화점의 규칙도 ‘당신은 고객의 말을 잘 듣고 그들이 말하는 대로 하기만 하면 된다.’이다. 하지만 이제는 서비스의 중심도 달라져야 한다. 고객이 중심이 아니라 서비스맨이 중심이 되고 주체가 되어야 한다.

고객이 협조적으로 따라오고 함께 할 수 있도록 이끌어야 한다. 그러려면 고객이 신나게 동참할 수 있는 신선하고 차별화된 문화와 철학이 드러나야 한다. 대표적으로 틈새라면의 김복남 사장은 ‘주인이 왕’이라고 한다. 손님이 “주인장 여기 물 좀 주시오”라고 외치지만 주인은 모른 척한다. 왜냐하면 틈새에는 틈새만의 언어가 있기 때문이다. 틈새에서는 물을 ‘오리방석’이라는 말로 불렀기에 손님에게 주인은 이렇게 이야기한다. “틈새에선 물을 오리방석이라고 합니다. 그렇게 주문하셔야 됩니다. 그래야 드립니다.” 불편한 심기를 험하게 드러내며 손님이 나가자 다른 손님들 사이에서 “아저씨 잘 하셨어요!”라는 소리가 들린다. “틈새에선 틈새 방식을 따라야죠. 저런 손님은 받지 마세요.” 그들은 바로 한쪽 구석에 앉은 틈새라면의 충성 고객들이었다. 틈새라면의 충성고객들은 자신들만의 틈새세상의 가치를 다른 손님에게 빼앗기고 싶지 않은 듯 보인다. 그런데 웬일인가!

며칠 후 넥타이 부대가 밀려왔고 그들은 바로 그때 험한 소리를 하며 돌아나갔던 손님의 부하 직원들이었던 것이다. “틈새라면을 한 번 가봐라. 가게는 작이도 주인장의 자존심 하나만큼은 배울 만하다.” 그 손님은 순간적으로 화는 났어도 틈새라면의 영업방식을 좋게 평가했던 것이다. 자존심 있는 영업방식이 인정받은 셈이다.

하지만 자존심은 아무데서나 아무렇게 세우면 큰일난다.

서비스는 주고받는 것이다. 제대로 된 마인드와 철저한 준비, 자신만의 철학과 열정이 뒷받침되지 않은 채 내세우는 자존심은 실패할 수밖에 없다. 분명히 말하지만, 고객을 감동시킬 준비가 된 사람에게는 자존심이 필요하다.

서비스 사전에도 'NO'가 있음을 명심하라!

말의 표현은 부드럽되, 말의 내용은 예리하게 'NO' 할 수 있을 때 '우리만의 가족고객', '충성고객'이 탄생한다. 그러나 이 시대의 많은 직장인들이 최선을 다해 서비스를 해도 메아리로 돌아오는 것은 내·외부 고객들의 불평불만인 경우가 있다. 이 책을 읽는 당신이 바로 그런 사람이라면 이 책을 끝까지 읽기 바란다. 그리고 이 책을 읽는 당신이 바로 상사로부터 '김대리(상징적인 가상 인물입니다.) 좀 친절할 수 없어?' 라는 소리를 듣는다면 이 책을 두 번 읽기 바란다. 나만의 최선은 최악을 낳는 법! 상대 위주의 똑똑한 서비스로 승부할 수 있는 방법을 알게 될 것이다.

우리나라 모든 직장에 존재하는(김대리, 박대리, 이대리…) 친절이 2% 부족해서 성공가도에 가속도가 붙지 않는 모든 분들에게 생각보다 쉬운 성공법칙, '친절'. 이 서비스 공식을 나눠주고 싶다.

아무쪼록 이 책이 탄생(?)될 수 있도록 정신적인 지주가 되어 주신 필자의 영원한 멘토인 허태학 사장님께 진심으로 감사드린다. 아울러 끊임없이 필자의 가슴에 열정의 불을 지펴주었던 애인 같은 남편에게 이 책을 두 손 모아 바치며, 우리나라 대한민국이 동방친절지국이 되는 그날까지 필자의 '서비스 드림(Dream)'은 계속될 것이다. 쭈욱……

'진정으로 훌륭한 서비스는 고객에게 미소 짓는 것이
아니라, 고객으로 하여금 당신에게 미소 짓게 하는 것이다!'

성공을 부르는 서비스 드림(Dream) 1

일상에서의 서비스 · 인간관계의 부메랑 서비스

1. 일상에서의 서비스

세일로 북적대는 백화점에서 우연히 동창을 오랜만에 만나 반가운 마음
으로 물었다.

"영애(가명)야, 정말 반가워. 요즘 뭐하고 지내니?"

"반가워, 영실아. 나 이번에 다시 취업했어!"

"그래? 잘 됐다. 그런데 어떤 일이니?"

"응. 서비스업……"

사람들을 모아 놓고 서비스업과 관련이 있는 사람을 손들어보라고 한다
면 아마도 열에 아홉 정도는 손을 들 것이고, 한두 명 정도가 고개를 갸우뚱
하며 잘 모르겠다는 듯한 표정을 지을 것이다. 그만큼 서비스업은 GNP의
3/4를 차지할 정도로 경제의 중심에 서 있고 갈수록 그 비중은 점점 늘어나
고 있다.

인류는 수렵사회, 농업사회, 공업사회를 거쳐 정보화 사회로 이행되어 왔

으며, 특히 21세기에는 형태가 없는 상품을 다루는 서비스산업이 사회의 물결을 주도할 것이라고 한다. 즉, 서비스가 국가나 기업의 흥망을 결정짓는 중요한 열쇠가 된다는 것이다. 이처럼 서비스의 중요성이 커져 가면서 그 의미에 대한 해석도 여러 가지로 나오고 있다. 서비스의 사전적 의미를 좀 더 세분하면, '① 손님을 접대함 혹은 장사로서 손님에게 편의를 줌 ② 개인적으로 남을 위해 여러 가지로 전력함 ③ 장사에서 값을 에누리하거나 덤을 주어 손님에게 이익을 줌 ④ 사회적으로 유용한 가치를 낳게 하는 행위 ⑤ 구기(球技)에서의 서비스' 등의 의미를 지닌다.

일반적으로 서비스는 마케팅적인 의미뿐만 아니라 남을 도와주고 돌봐주는 행위까지를 포함하며 국어사전에서도 '서비스는 봉사, 공헌, 정, 친절, 무료, 덤' 등으로 정의되고 있다.

그 어원을 따져보면 본래 라틴어 세르부스(Servus), 즉 노예상태라는 말에서 유래한 것으로 영어의 servant, servitude, servile 등 '사람에게 시중드는 말' 도 모두 같은 뿌리에서 파생되었다. 지금도 이탈리아와 독일지방에서는 '세르부스' 라는 인사말이 쓰인다고 하는데, 그 의미 역시 '나는 당신의 봉사자입니다' 라는 것이다.

한마디로 말해 서비스는 하인이 주인을 섬기듯 정성을 다하는 태도라는 의미로 '자신의 정성과 노력을 남을 위해 사용한다.' 라는 뜻을 담고 있다. 혹은 자신을 돌보지 않고 남을 위해 애쓰는 마음가짐을 의미한다.

우리의 전래동화에 '바리데기' 라는 이야기가 있는데, 그 이야기에는 '서비스맨' 의 모델격인 바리데기의 모습이 잘 나타나 있다.

아들을 간절히 바라는 왕의 일곱째 딸로 태어나 버림을 받은 바리데기는 어느 마음씨 착한 할머니의 손에 의해 길러지고, 나중에 부모님의 병환 소식을 듣고 난 뒤 부모님의 병을 고치는 약물을 얻기 위해 머나먼 서역국으로 떠난다. 온갖 고초를 다 겪으면서도 굴하지 않고 마침내 약물을 구해온 바리데기는 부모님과 함께 행복하게 살게 된다.

이처럼 남을 위해 한결같은 의지로 희생과 배려, 헌신, 봉사하는 것이 바로 서비스의 본 모습이다. 하지만 현대적인 의미에서는 서비스가 무조건적인 희생과 봉사로 표현되지 않는다. 지치기 때문이다. 적어도 서비스처럼 의미 있는 일을 실천하는 서비스맨들은 지치지 않고 즐겁고 신나게 서비스를 할 수 있어야 한다. 그러나 지속적으로 자부심을 갖고 신바람 나는 서비스를 하는 일이 결코 쉽지는 않은 일이다.

고객 감동의 서비스

필자가 교육할 때 자주 인용하는 사례를 소개하고자 한다.

꼬치고기는 일본인들이 즐겨 먹는, 맛이 아주 좋고 힘이 센 물고기인데 이 물고기에 관한 재미있는 실험 결과가 있다.

먼저 큰 물통의 오른쪽에 굶주린 상태의 꼬치고기를 넣어둔다. 다음에는 꼬치고기들이 좋아하는 먹이인 작은 물고기들을 물통의 왼쪽에 넣어 둔다. 그러면 꼬치고기는 어떻게 행동할까? 꼬치고기는 거칠고 힘이 센 물고기로 맛있게 생긴 물고기들이 헤엄쳐 다니는 것을 보고만 있을 까닭이 없다. 다짜

고짜로 덤벼들어 한입에 집어 삼키려 할 것이다. 그런데 이 물통 한가운데는 유리판으로 미리 칸막이를 해두었기 때문에 저쪽의 작은 물고기들을 잡아먹겠다고 힘차게 돌진하던 꼬치고기는 유리 칸막이에 꽝 부딪치고 만다.

이런 행동은 몇 번이나 되풀이된다. 애처롭게도 꼬치고기는 주둥이에 온통 상처를 입고 피투성이가 되지만 본능적인 욕구에 따라 유리관에 부딪치는 행동을 줄기차게 거듭한다. 이런 행동을 일정 기간 반복한 끝에 꼬치고기는 포기하고 만다.

한편 왼쪽의 작은 물고기들은 처음에는 저쪽에 무서운 꼬치고기가 있으니 겁을 먹고 구석에 옹기종기 모여 벌벌 떨고 있지만 시간이 지나고 아무 탈이 없는 것을 알고 안전하다는 생각을 갖는다. 즉, 이제는 꼬치고기가 결코 무서운 존재가 아니라는 것을 알고 이곳저곳으로 자유롭게 헤엄쳐 다닌다. 한편, 꼬치고기도 한쪽 구석에 있기만 한다. 이제는 먹이를 공격하는 일을 단념해 버린 것이다.

이런 상태가 된 다음에 물통 가운데 있는 유리판을 살짝 빼 보면 꼬치고기는 어떻게 행동할까? 맛있는 작은 물고기가 겁도 없이 자유롭게 헤엄쳐 오는데도 불구하고 꼬치고기는 여전히 단념한 채 원래 있던 곳에 가만히 머물러 있기만 한다.

이와 같은 실험을 통하여 배울 수 있는 것은 인간이나 동물이나 체험으로 굳어진 습성은 바꾸기가 힘들다는 것이다. 몇 차례의 체험을 통하여 꼬치고기는 유리에 부딪쳐 주둥이에서 피가 났고 아무리 노력해도 아프기만 했지 먹이를 입에 넣지 못한다는 것을 알고 단념해 버렸기 때문에, 그 후로는 그것이 가능한 상황이 되어도 감히 시도할 생각을 못하는 것이다.

결국 꼬치고기의 예는, 가정생활, 사회생활에 있어서도 오랜 세월에 걸쳐 체질화된 사고나 습성은 좀처럼 바꾸기 어려우며 이를 바꾸어 나가는 데는 엄청난 노력과 시간, 용의주도한 준비, 그리고 반드시 해내고야 말겠다는 각오가 따라야 한다는 것을 깨우쳐 주고 있다.

하지만, 여기서 이야기가 끝나면 좀 허망하다. 희망적인 가정을 해보기로 하자. 예전처럼 능동적으로 먹이를 향해 돌진하는 꼬치고기로 변화시킬 수 있는 방법은 없을까? 있다면 어떤 방법이 있을지 함께 고민해 보자! 혹자는 방법이 없다고 하고, 혹자는 물을 휘휘 젓는다고 말해서 웃었던 기억이 있다.

필자가 제시한 해답은 '새로운 꼬치고기를 집어넣는다!' 이다. 유리벽의 한계를 경험해 보지 못한 꼬치고기는 물통 속의 먹이를 향해 저돌적으로 먹이사냥에 나설 것이고, 그 모습을 목격한 다른 꼬치고기들은 희망을 갖게 될 것이다. "어! 먹이를 먹고 있네! 유리벽이 언제 없어졌지?" 하면서 도전을 해볼 것이다. 그렇다. 매너리즘에 빠진 조직에는 '새로운 바람, 새로운 긴장감, 새로운 시각!' 이 절대적으로 필요하다.

고객감동! 고객졸도! 입으로는 떠들어대지만, 실상 매너리즘에 빠져 고객에 대한 어떠한 긴장감도 없이 목석처럼 형식적으로 제도를 위한 서비스를 하는 조직에는 새로운 긴장감이 필요하다.

그 긴장감 조성에는 여러 가지 방법이 있을 것이다. 신선한 패러다임과 능력을 갖춘 새로운 인력을 투입하는 방법도 있겠고, 서비스 리더들의 솔선수범을 통한 교육도 방법일 것이다. 하지만, 가장 바람직한 방법은 내 자신 스스로 고정관념의 굴레에서 빠져나올 수 있도록 자신의 사고의 영역에 유연성의 영역을 최대화시키는 것이리라!

서비스! 서비스? 서비스는 과연 무엇일까?

마케팅적인 의미에서도 서비스라는 용어는 판매 전 단계에서부터 사후 처리에 이르기까지 모든 업무를 지칭하는 폭넓은 의미를 지니고 있다. 예를 들면 고객의 마음에 와 닿는 인사와 미소 그리고 정성스런 화법을 비롯하여 상품의 가치와 품위를 높여주는 포장, 상품 외의 서비스 품목 제공, 고객 불만에 대한 신속하고 적절한 처리까지 그 모두를 포괄하는 것이다.

미국의 마케팅용어 정의위원회는 '서비스란 판매를 위하여 제공되거나 제품판매를 수반하여 제공하는 행위 및 편익과 만족을 말한다. 예를 들어 오락, 호텔 서비스, 전기, 통신, 수송, 이·미용 서비스, 수선과 정비서비스, 신용평가업 등을 들 수 있다.' 라고 했으며 유필화 씨는 『현대 마케팅론』에서 '서비스란 한 당사자가 다른 당사자에게 소유권 변동 없이 제공해줄 수 있는 무형의 행위나 활동을 말한다.' 라고 정의한 바 있다.

쉽게 말해 서비스란 기업이 고객에게 제공하는 가치의 총체로써 고객에게 감동과 만족, 메리트를 제공하는 것을 말한다. 이러한 의미에서 일본의 경영컨설턴트인 나구라 야스노부는 '서비스란 고객에게 감동과 메리트를 파는 것으로 사려 깊은 태도에서 우러나는 언행에서 창출된다.' 라고 말했으며, 손대현 교수는 '서비스 산업은 마음씀씀이가 세심한 정성산업으로 고급화된 지적 봉사' 라고 하였다.

서비스는 직접 이용해 보지 않고는 좋은지 나쁜지 알 수 없는 무형의 상품이기 때문에 경영적인 차원에서 다른 감각을 필요로 한다. 다시 말해 서비스는 기업경쟁력 강화를 위한 마케팅 전략의 중요 요소지만, 눈에 보이지 않는 무형의 수단으로 어필해야 하므로 보다 입체적인 전략이 필요한 것이다.

필자의 집근처 아주 가까이에 대형 할인마트가 있다. 하지만 필자는 조금 더 걸어가야 하는 동네슈퍼를 고집한다. 이유가 있다면, 단 하나! 슈퍼주인이 나를 대하는 태도 때문이다. 대형 할인마트에 가면 필자가 무수히 많은 고객 중의 한 고객이 된 듯한 느낌이 들지만, 동네슈퍼에 가면 '소중한 나'가 된 듯한 느낌이 들기 때문이다. 필자가 들어서기 무섭게 듣게 되는 한마디! '오늘은 일찍 오시네요!' 모든 것을 내가 인정받는 소리가 그 동네슈퍼에서는 쩌렁쩌렁~ 울리기 때문에 안 갈 수 없는 것이 아닐까! 나를 인정하는 소리는 내 가슴 속에 밀려오고 마음속에서는 메아리를 친다. '이래서 내가 이 슈퍼를 안 올 수 없다니까!' 라고…….

요즘 뉴스에서 현대인들의 디지털 건망증에 대해서 많이 보도를 한다. 그것은 전화번호를 외울 필요성을 느끼지 못하고 단축번호로 저장을 해놓는 것을 비롯하여 많은 것을 디지털에 의존해서 생긴 건망증을 말한다. 시대는 점점 디지털화되지만 컴퓨터보다 더 민감하고 정확한 고객의 '감퓨터'를 깨우는 데는 뭐니뭐니 해도 심장박동 흠뻑 느낄 수 있는 아날로그식 친절이 진국이리라! 화려하지도 특별하지도 않지만, 이 동네슈퍼에는 고객의 마음을 확 끌어들이는 자석 같은 전략이 있다. 그것은 바로 고객을 대하는 진실과 관심이리라.

일단 고객이 서비스에 만족을 느끼면 보다 밀접하고 깊이 있는 고객관계를 유지할 수 있으며, 재구매를 하는 것은 물론이고 좋은 소문을 퍼뜨려 새로운 고객을 낳게 된다. 다시 말해 매스 커뮤니케이션이 아니라 입에서 입으로 전해지는 구전 커뮤니케이션의 강한 힘이 발휘되어 기업을 성장시키는 토대가 되는 것이다.

서비스는 공급자에 의해 제공됨과 동시에 고객에 의해 소비되는 동시적 성격을 띠고 있다. 무엇보다 무형의 상품이기 때문에 서비스 제공자의 용모, 말씨, 표정, 매너들이 한순간에 종합적으로 판단된다는 특징을 보인다.

그렇기 때문에 경제학의 아버지인 아담 스미스가 서비스에 대해 "서비스는 수행하자마자 곧 소멸되고 붙잡아둘 수도 없으며 그 자체는 팔릴 수 있는 상품도 아니다."라고 말한 것인지도 모른다.

서비스는 눈에 보이지 않는 상품이지만, 일단 불량서비스를 판매하면 즉각 고객을 잃게 되며, 그로 인해 얻게 되는 손실은 제품의 경우보다 훨씬 더 심각하다. 고객은 단 한 번의 불량서비스에도 발길을 끊어버리고 더 나아가 여기저기 나쁜 소문을 퍼뜨리기 때문에 서비스 클레임 한 건은 그 10배 정도의 고객을 잃게 한다는 것을 늘 염두에 두어야 한다.

누구나 운동화 한 켤레 정도는 있을 것이다. 브랜드가 무엇인가? 거리표(길 거리표)? 프로스펙스? 아식스? 리복? 푸마? 나이키? 아니면 나이키의 짝퉁? 나이스? 필자의 중학교 시절만 해도 프로스펙스와 아식스 그리고 나이키가 서로 쌍벽을 이루면서 경쟁을 했다. 가장 좋은 신발이 무엇인지의 기준은 조금씩 달랐지만, 가장 영향을 미쳤던 것은 근처 남자 중 · 고등학교의 속칭 킹카(요즘의 짱!) 오빠가 어떤 신발을 신었느냐였다. 당시 필자의 학교 근처 킹카 오빠는 프로스펙스를 신었기에, 그 지역 많은 학생들에게 가장 좋은 신발은 당연히 프로스펙스였다. 그런데 그것도 잠시 세월이 흐른 요즘 프로스펙스와 나이키의 브랜드 가치는 비교의 대상이 되지 않는다. 그만큼 나이키는 빠른 속도로 소비자의 머리와 가슴 속에 소용돌이치며 브랜드 가치를 한껏 위로 끌어 올렸다.

브랜드 하나로 세계 스포츠 시장을 석권하려는 나이키를 보자.

생존 전략을 가진 나이키는 모든 제품을 주로 제3세계에서 주문자 상표 부착 생산(OEM) 방식으로 만들어 직영제조업체가 없음에도 한 해에 100억 달러라는 수익을 올렸다.

나이키는 스포츠 제품만으로 승부하기에 'There is no finish line(결승선은 없다).' 'Just do it(한 번 해봅시다)!' 과 같은 스포츠 마인드를 심어주는 모토를 갖고 있는데, 나이키가 스포츠 정신에 이어 주요한 자산으로 여기는 것은 '아이디어' 다. 그래서 상품기획 및 마케팅 전문회사답게 이익의 10 % 정도를 마케팅 홍보 비용으로 쓸 정도로 광고비와 연구개발비를 아낌없이 쏟아 붓고 있다.

· NIKE의 시작 & 목적

1968년 미국 오레곤, '필립 나이트' 와 '윌리엄 보어먼' 이 행상으로 시작한 나이키는 승리의 여신 '니케' 를 영어발음으로 하여 지어졌고, 미술대학원생에게 부탁해서 단돈 35달러로 마크를 만들었다.

스포츠맨 출신인 이들은 철저히 스포츠의 상업화를 통한 나이키의 이미지를 만들었다. 또한, 과학적인 신발을 만들어 기록을 단축시키려는 명분 하에 탄생되었다.

· 성공 전략

나이키는 스포츠 스타를 활용하여 대중에게 어필할 수 있는 이미지를 창출해내는 데 능한 기업이다. 나이키 성공신화를 이룩한 첫 번째 원칙은 과학적이고 광범위한 '스포츠마케팅'과 아웃소싱의 적절한 활용, 그리고 GPIN의 개발(GPIN은 전 세계에 퍼져 있는 나이키의 직원들이 운동화의 최신 디자인에서부터 판매실적까지 온라인으로 찾아볼 수 있는 정보인프라다.) 등 다양한 이유가 있지만 뭐니뭐니 해도 가장 중요한 성공전략은 사후 서비스 관리다.

불량 물병을 회수하고 납 함유 유아용 신발 11만 켤레를 리콜 하는 등 철저한 관리가 가장 큰 경쟁력인 것이다. 고객의 신뢰가 생명이고, 고객의 발길을 끊는 불량서비스의 홈집이 얼마나 힘이 센지를 잘 알고 있는 나이키의 미래는 'NICE!'

서비스를 제공하는 기업은 '침묵하는 불만고객'을 간파해내는 예리한 육감과 신속한 사전복구 능력을 갖춰야만 한다. 무엇보다 중요한 것은 서비스라는 것이 사람에 의해 생산되어 고객에게 제공되는 것이므로 서비스를 제공할 때에는 무엇보다 인간적인 배려가 필요하다는 사실이다.

고객은 항상 서비스 제공자와 인간적인 접촉을 원하고 있으며, 그 접촉에 가치를 두고 있다. 따라서 서비스 제공자는 고객의 기쁨을 목표로 하여 고객의 마음을 읽고 그 요구에 적절히 대응해야만 한다.

결국 서비스의 개념 속에는 일반적인 의미에서든 혹은 마케팅적 의미에서든 공통적으로 '상대방을 배려하고 도우려는 친절과 봉사정신'이 담겨 있는 것이다.

서비스의 실체

2005년에 화제를 몰고 왔던 영화 '친절한 금자씨' 라는 영화의 광고를 보면서 '그래. 드디어 친절의 중요성이 영화에서도 강조되는구나!' 라고 필자는 생각했었다. 알고 보니 전혀 다른 내용이었지만…….

13년 동안 교도소에 복역하면서 누구보다 성실하고 모범적인 수감생활을 보내는 금자. '친절한 금자씨' 라는 말도 교도소에서마저 유명세를 떨치던 그녀에게 사람들이 붙여준 별명이었고, 그녀는 자신의 주변 사람들을 한 명, 한 명, 열심히 도와주며 13년간의 복역생활을 무사히 마친다. 출소하는 순간, 금자는 그 동안 자신이 치밀하게 준비해온 복수 계획을 펼쳐 보인다. 그녀가 복수하려는 인물은 자신을 죄인으로 만든 백선생(최민식). 교도소 생활을 하는 동안 그녀가 친절을 베풀며 도왔던 동료들은 이제 다양한 방법으로 금자의 복수를 돕는다.

목적 있는 친절을 통해 금자에게 친절을 받은 사람들은 모두 공범자가 되어버린 셈이다. 결과가 무시무시했지만, 친절의 원리는 크게 다르지 않다.

친절을 받은 사람은 친절을 베푼 사람에 대해 우호적인 감정이 싹트고 협조를 하고 싶어지는 심리가 마구마구 샘솟기 때문이다.

고객에게 기가 막힌 친절과 서비스로 고객을 멋진 협조자, 떠날 수 없는 긍정적인 의미의 공범자를 만드는 것도 괜찮지 않을까?

물론, 목적이 개입되지 않은 친절이 넘친다면 이 세상은 그야말로 극락세계이겠지만.

그렇다면 서비스의 뿌리가 되는 '친절'의 실체는 무엇일까?

'친절'은 남을 아끼고 사랑하는 마음인 '인간미'와 양심을 속이지 않는 마음인 '도덕성'에서 비롯된다. 동서양을 불문하고 친절이란 사랑과 이해, 남을 기분 나쁘게 대하지 않는 것, 남에게 불편을 주지 않는 것으로 '상대방을 편하고 즐겁게 할 수 있도록 내가 최선을 다하는 것'이라는 의미를 지니고 있다.

약수터를 자주 찾는 사람이라면 그러한 장소에서 친절이 얼마나 강한 힘을 발휘하는가를 알 수 있을 것이다. 예를 들어 줄을 서서 물을 떠먹다 보면 사람들이 대부분 바가지의 어느 쪽으로 먹어야 좀더 깨끗할까를 고민하게 된다.

나 역시 그런 경험을 한 적이 많다. 한 번은 고민 끝에 물을 흘릴 것을 각오하고 바가지에 입을 대지 않고 먹은 적이 있다. 기발한 아이디어라도 발견한 듯 의기양양하게 뒷사람에게 바가지를 넘겨주었지만, 곧 나는 쥐구멍이라도 있으면 들어가고 싶을 정도로 부끄러움을 느꼈다. 내 뒤에 서 있던 두세 명의 유치원생들이 바가지에 물을 떠서 마시고는 바가지를 깨끗하게 헹군 다음 다시 물을 떠서 뒷사람에게 넘겨주는 것이 아닌가!

나 자신만을 위해 바가지를 헹구며 온갖 잡생각에 시간을 낭비한 나에게 뒷사람을 배려하는 유치원생들의 의젓한 행동은 한마디로 '신선한 충격', 그 자체였다. 그것이 바로 친절한 서비스다.

친절한 서비스는 진심으로 남을 배려하는 마음, 표정, 언행이 겉으로 우러나기에 '서비스의 종합 예술'이라고 할 수 있다. 서비스는 공기나 빛처럼 눈에 보이지는 않지만 우리 삶에 없어서는 안 될 중요한 요소다. 서비스가 없으면 불편하다는 차원을 넘어 불평불만이 늘어나고 고함과 삿대질이 난무하는 황폐한 세상이 되고 마는 것이다. 이것을 역으로 말하면 서비스는 인간의 삶을 윤택하고 아름답게 가꾸는 촉매제라고 할 수 있다.

그러므로 서비스의 참뜻을 곱씹고 그 가치를 재인식하여 서비스 의식을 새롭게 다져야만 할 것이다.

2. 인간관계의 부메랑 서비스

사람은 누구나 다른 사람과 관계를 맺고 살아간다. 그 관계가 군신이든 부자이든 부부이든 혹은 친구이든 직장의 동료이든 모두 마찬가지다. 그리고 좋은 인간관계를 맺으려면 상대방의 입장이 되어 진심으로 상대방을 생각하는 '역지사지' 의 마음자세가 필요하다.

나를 가치 있게 하는 남을 위하는 서비스

• 에피소드 1

따르릉~~~!

안내원: 안녕하세요, 무엇을 도와드릴까요?

손 님: 저기, 정말 궁금해서 드리는 질문인데요, 컴퓨터 하드 디스크에다
　　　　가 데이터를 많이 넣으면 컴퓨터가 무거워지나요?

안내원: 멍~~~

• 에피소드 2

따르릉~~~!

안내원: 안녕하세요, 무엇을 도와드릴까요?

손 님: 아, 어제 새로 컴퓨터를 산 사람인데요, 사고 보니 제 컴퓨터 사양
이 뭔지 깜빡 잊었어요. 좀 가르쳐주세요.

안내원: 음, 거기 컴퓨터 박스에 보시면 '바코드'라는 것이 있거든요. 저
한테 읽어주시겠습니까?

손님: 음……. (숫자는 안 읽고) 굵은 선, 굵은 선, 얇은 선, 굵은 선, 얇은
선…….

안내원: 멍~~~

우스개 소리이지만 컴퓨터를 처음 접한 사람 입장에서는 충분히 있을 수
있는 일들이다. 필자도 처음 컴퓨터를 접했을 때 정말 생뚱맞은 질문으로
안내원을 황당하게 만든 경험이 있으니까…….

인스톨 하는 방법을 잘 몰라서 A/S센터에 전화상담을 하는데, 너무 설명
을 잘해서 물었다. '거기서 제 컴퓨터가 보이나요?' 라고…….(원격지원서비
스를 하면 내 컴퓨터가 보이겠지만, 그때는 원격지원이 아니라 구두설명이었다.)

최근에는 사람의 능력을 측정할 때, IQ보다는 감성지수인 EQ나 사회성
지수인 SQ가 더 중요시되고 있다. 다양성이 강조되는 사회분위기에 편승하
여 원만한 사회관계를 이루는 능력이 더욱 부각되고 있는 것이다. 그런 점
에서 볼 때, 서비스맨들은 '골든 어빌리티(golden ability)'를 지닌 사람들이
라고 할 수 있다. 왜냐하면 타인의 표정과 행동을 보고 마음을 읽을 수 있는

친절한 금자씨가 아니라 친절한 은자씨(가명)가 되는 길

문은 뒷사람을 위해서 잠시 잡고 기다린다.
별로 어려울 것도 없다.
잠시 뒤를 살펴보고 5초 정도만 문과 한몸이 되어라.
(꼭 이런 사람 있다.
'뒷사람 오는 순간에 문을 확! 놓아버리는 사람!' 나쁘다.)

눈이 마주치면 먼저 인사하라.
했는지 안 했는지 기억이 안나면 일단 하고 보자.
아까 인사했는데 또 했다고 화내는 사람이 있다면,
그 사람은 빼고 인사하라.

담배는 때와 장소를 잘 구분해서 피우자.
남이 씹던 껌! 씹을 수 있는가?
당신 입 속에서 나온 연기를 마시고 싶어하는 자 그 누가 있겠는가!

진실되게 웃어라!
삶을 비관하던 자.
당신의 미소 속에서 삶의 희망을 찾을 수도 있지 않은가!

칭찬하라!
적절한 칭찬은 최고의 선물이다.
비싼 선물을 주면 그 선물이 기억나지만,
칭찬이라는 선물을 주면 칭찬한 사람을 기억한다.

상대가 말을 할 때는 눈을 마주쳐라.
가슴 속으로 몰두해서 듣고 있음을 눈으로 말하라.
상대의 마음속에 자리잡게 될 것이다.

험담을 즐기는 친구가 있다면,
맞장구치지 말고 묵묵히 들어줘라.
세 번째까지는 들어줘라.
도저히 못참겠으면 이렇게 말하라.
'다른사람한테 내 험담은 언제쯤 할 거야?'

-출처: 2005년 9월 7일 창밖을 보며…. 박영실낙서-

능력이 있고 또한 자신의 표정과 행동이 남에게 어떤 영향을 주는지를 알고 있기 때문이다.

서비스 정신은 기본적으로 남의 입장에 서는 것에서 출발한다.

만일 남의 입장에서 출발하지 않는다면, 위와 같은 경우 안내원은 비웃거나 웃어젖혀도 될 것이다. 또는 '손님 너무하신 거 아니에요?' 라고 말하면서 손님을 당황시킬 수도 있을 것이다. 하지만 프로 서비스맨이라면 절대 그런 일은 하지 않는다. 그렇게 했을 경우 불쾌한 손님의 감정이 자신의 감정과 자존심에 미칠 부정적인 영향을 익히 잘 알고 있기 때문이다.

세계 시민의 입장에서 영구 평화를 주창한 캔트는 '사람을 수단으로만 대하지 말고 동시에 목적으로 대하라' 라고 말했다. 즉, 타인을 자신의 욕망 달성을 위한 수단으로 여기지 말고 오히려 자기 자신이 먼저 타인의 목적을 달성할 수 있도록 도우라는 것이다. 이것은 한 마디로 말해 '남을 생각하고 남을 위하라' 는 의미이다.

이러한 서비스 정신을 생활화한다면 오늘날 정신없이 흔들리고 있는 윤리관을 바로 세우고 인간적인 유대를 회복시켜 행복한 사회를 건설할 수 있을 것이다.

상대방에 대한 관심과 인간애야말로 사회를 밝혀주는 등불이자 훈기를 더해주는 불씨다. 그러므로 열린 마음의 서비스 문화로부터 인간적인 사회가 시작된다는 사명감으로 언제 어디서든 서비스 정신을 실천하는 사랑과 평화의 전도사가 되고자 노력해야 할 것이다.

서비스도 신토불이가 좋다

필자는 유머 있는 사람이 참 좋다. 유머 있는 사람은 서비스 실천자이기 때문이다. 자신으로 인해 주변 사람들이 즐겁고 행복해지기를 원하는 사람들이기 때문이다. 그래서 유머를 준비하고 또 하게 되는 것이다. 필자는 운이 좋은 편이어서 서비스 마인드가 넘치는 유머러스한 사람들이 주변에 많은 편인데, 얼마 전 자주 가는 음식점의 연세 지긋한 주인어른이 했던 얘기가 생각나서 소개한다.

주인: 아이고! 어서 오세요! 오늘은 점심이 늦으시네!
　　　마침 우리식구 먹으려고 맛있는 김치전을 했는데 좀 드셔보실라우?
일행: 김치전이요? 정말 맛있겠는데요.
　　　잘 먹겠습니다!
주문한 음식을 다 먹지 못할 정도로 배가 불러 있는데 주인이 다가와 하는 말!
주인: 다 드셨네! 어이! 여보! 여기 김치전 서너 개 더 갖고 와!
　　　맛있게 드시네!

우리 일행은 서로 얼굴을 쳐다보며 동시에 같은 표정을 짓고 있었다. '이제 우리 배 터져(?) 죽었다!' 하지만 마음속에서는 이렇게 외치고 있었다. '정이 넘치는 이 곳! 정말 좋다!' 라고……
우리의 신토불이 서비스는 정말 푸짐하고 푸짐하다.

보릿고개를 경험한 어르신들이 젊은이들에게 해줄 수 있는 최고의 말은
'많이 먹어!' 이니까…….

배도 정말 크지, 김치전에 주문한 음식까지 거의 다 먹을 즈음, 주인어른
이 다가와서 말을 건다. 사실 이 음식점의 매력은 맛있는 음식과 푸짐한 정
그리고 더불어 주인어른의 맛깔스러운 입담이 한 몫 하는지라 일행 모두 귀
를 쫑긋 세우고 있었다.

주인: (안경을 낀 일행 중 한 명을 보면서) 참으로 조물주는 신통방통한 것
　　　같아!

일행: 왜요?

(뭔가 재미있는 이야기가 나올 것 같은 기대감을 갖고 동시에 묻는다)

주인: 인간이 안경을 낄 줄 알고 이렇게 귀를 달아 놓았잖아요!

일행은 동시에 배꼽을 잡고 웃어젖히느라 정신이 없었다. 일류 레스토랑
에서는 있을 수 없는 일이다. 고객이 식사를 하고 있는데 중간에 끼어들어
서 이야기를 하다니……. 하지만 우리네 신토불이 서비스에서는 그것이 가
능하다.

우리 민족은 감(感), 즉 통찰력이 뛰어나게 발달해 있다. '헛기침 한 번으
로 백 마디 말을 한다.'라는 이야기가 단적으로 보여주듯 간접적인 의사표
현 방식으로 직접적인 대화 이상의 의미를 전달하는 것이다.

손대현 교수에 의하면 "대체로 후진국일수록 목소리가 크고 말이 빠르며
쓸데없는 말이 많은 반면, 문화적 선진국일수록 언어 외적인 보디랭귀지나
침묵의 언어로 의사전달을 한다."라고 한다.

침묵으로 의사전달을 하는 것은 순간적인 직관을 이용하여 전체를 파악

– 인생에서 기억해야 할 지혜 –

　인생을 전쟁터라고 했습니다. 그러나 이 전쟁터를 얼마든지 아름답게 할 수 있습니다. 당신의 습관을 최대한 다스리십시오. 그렇지 않으면 습관이 당신을 지배하게 됩니다. 봄 오기 직전이 가장 추운 법이고, 해뜨기 직전이 가장 어두운 법입니다. 산 속의 적은 물리치기 쉬워도 마음속의 적은 그렇지 못합니다. 남에게 속는 가장 확실한 방법은 자신이 남보다 영리하다고 굳게 믿는 것입니다. 이 세상에는 두 종류의 인간이 있지요. 자신을 죄인으로 여기는 옳은 사람과 자신을 옳다고 여기는 죄인입니다. 아무리 곤경에 처해도 당황하지 마십시오. 사방이 다 막혀도 위쪽은 언제나 뚫려 있고, 신을 바라보면 희망이 생깁니다. 젊음은 마음의 상태이지 나이의 문제가 아님을 명심하십시오. 매력은 눈을 놀라게 하고, 미덕은 영혼을 사로잡습니다. 믿음은 칫솔과도 같은 것, 정기적으로 매일 사용해야 하는 것. 그러나 남의 것은 쓸 수가 없는 것입니다. 때때로 죽음을 생각하십시오. 그리고 그 위에 당신의 생명을 설계하십시오. 오늘이 마지막이라고 생각하십시오. 죽음과 부활의 기로에 서 있음을 안다면 한층 인생의 무게가 더해질 것입니다. 떠날 때 우리 모두는 시간이라는 모래밭 위에 남겨놓아야 하는 발자국을 기억해야 합니다.

　'두려움은 적게 희망은 많이, 먹기는 적게 씹기는 많이, 푸념은 적게 호흡은 많이, 미움은 적게 사랑은 많이 하라.' 그리면 세상의 모든 좋은 것이 당신의 것이다.

-스웨덴 속담-

하는 감(感)이 있을 때만 가능하다. 이에 대해 최준식 교수는 "서구인들은 철저한 분석과 냉철한 논리를 앞세우는 반면, 우리 민족은 어림짐작으로 '감을 잡아서' 일하기 좋아하는 성향을 가지고 있어 직감이 발달되어 있다" 라고 보고 있다.

이러한 통찰력 덕분에 우리 민족은 '감' 또는 '눈치' 문화를 발달시켜 왔고 그것은 속담에서도 잘 나타나 있다. '눈치 빠른 사람은 절간에 가서도 새우젓을 얻어먹는다.' 혹은 '눈칫밥 먹는다' 등 '눈치'에 관한 속담이 적지 않은 것이다. 이것은 우리가 항상 상대방이 자신을 어떻게 생각하는가를 염두에 두고 살고 있음을 단적으로 보여주는 사례다.

실제로 우리 사회에서는 '타인의 심중을 읽어낼 줄 아는 사람이야말로 처세에 능한 사람이다' 라고 생각한다. 그 이유는 많은 사람들이 '타인이 자신의 마음을 읽어주기' 를 기대하기 때문이다.

어쨌든 동양 문화권에서는 공동체 안에서 한솥밥을 먹는 가운데 말없이 서로의 눈빛만으로도 감이나 의사가 전달되는 무언의 문화가 통용되고 있다. 그래서 기쁨이나 분노의 감정을 말로써 드러내는 것을 터부시해 왔다. 물론 이러한 문화는 대화를 통해 자신의 의견을 적극적으로 개진하는 서양인들이 폐쇄적으로 느끼는 부분이기도 하다.

그러나 이심전심으로 통하는 우리 식의 대화방식은 상대방에 대한 따뜻한 배려가 그 밑바탕에 깔려 있다. 예를 들어 외국인들은 우리의 말에 '감사의 말'이 적은 것에 놀란다고 한다. 그런데 더욱 더 놀라운 사실은 그 이유가 고마운 마음이 없어서가 아니라, '너무 고마워서' 이기 때문이라는 점이라고 한다. 다시 말해 고맙다는 말을 함으로써 오히려 고마운 마음이 덜어질까 염려하여 말로 표현하지 않는다는 것이다.

실제로 부모자식간이나 부부, 연인사이 등 친한 관계에서 은혜를 입었을 때, 고맙다는 말을 하는 것이 어색하고 쑥스러워 표현하지 못했던 경험이 한두 번쯤 있을 것이다. 그러나 서비스는 동사(動詞)이다!, 표현하지 않으면 알 도리가 없다! 이제라도 늦지 않았으니 표현해보자. 지금 내 앞에, 옆에 있는 누군가에게……. 분명 후회하지 않을 것이다.

통찰 커뮤니케이션

교육 중에 가끔 묻는다. "배우자가 참 멋지다고 생각할 때 여러분은 어떻게 하시나요?"라고. 대답은 교육생의 연령 대에 따라 조금 차이가 있지만, 40대 이상의 남성 같은 경우는 "어떻게 하긴요. 그냥 결혼 잘했구나! 생각하지요!"라고 답변한다.

"멋있으면 멋있다고 표현하는 것이 더 좋지 않을까요?"라고 물으면 십중팔구 대답한다. "그러면 이상하게 생각하고 꼬치꼬치 캐물을 걸요? 왜 요즘 안하던 짓 하냐고" 라고. 이 말에 공감을 하는 듯 다른 교육생들도 모두 박장대소한다. 교육생 중에 신혼여행을 다녀온 지 얼마 되지 않은 남성이 있어서 "어쩐지 이 교육장에 깨소금 볶는 고소한 냄새가 난다 했어요!" 했더니, 대뜸 그 교육생이 맞받아치는 소리! "강사님! 신혼이 무슨 뜻인지는 아시나요?"라고 묻는다. "사전적으로 갓 결혼함을 의미하는 거 아닌가요?"라고 진지하게 대답하니 이에 교육생 웃으면서 말한다.

"아닙니다. 강사님 신혼의 진짜 의미는요. '한 쪽은 신나고 한 쪽은 혼난다' 는 의미래요. 불행하게도 제 쪽이 무척 혼나고 있는지라 별로 안 고소한데요!" 이 말에 강의실이 또 한바탕 웃음의 도가니가 되었다.

우리네 정서에서는 생각이 있어도 말로 표현하지 않는 경우가 많다. 말보다 눈빛이나 몸짓으로 고마움을 전하는 분위기가 지배적이다. 물론 그런 것을 통해 더욱 진한 고마움을 표현하고 또 그것을 상대방이 읽어냄으로써 강한 의사전달이 되기도 한다.

이처럼 우리의 의사전달 체계는 마음과 마음으로 혹은 느낌과 느낌으로 이어지는 편이다. 정을 표현하는 방식도 겉으로 야단스럽게 구는 교언영색형 서비스보다는 보이지 않는 곳까지 마음을 써주는 깊은 뚝배기형 서비스, 즉 가마솥처럼 속정을 간직한 서비스가 더 설득력을 얻는다.

이처럼 한국형 서비스 정신은 염화시중의 미소에 비유할 수 있다. 부처님의 제자인 염화가 채 시작하지도 않은 설법의 의미를 미리 깨우쳐 알고 빙그레 미소 지었듯, 서비스에서도 고객의 마음을 먼저 헤아려주는 마음씨가 필요한 것이다.

고객감동 서비스는 고객이 요구하기 전에 그 마음을 읽고 먼저 다가가는 서비스를 제공할 때 이루어진다. 물론 고객의 마음을 읽으려면 고객의 일거수일투족에 관심을 기울이는 노력이 뒤따라야 한다. 따라서 센스 있게 감을 잡는 섬세한 능력으로 앞서가는 서비스맨이 되려면 애정 어린 눈빛으로 고객의 마음까지 읽어내려는 노력을 기울여야 한다.

통찰 커뮤니케이션은 고도의 의사표현이다. 어쨌든 우리 민족은 눈이나 몸짓이 말보다 많은 말을 하므로 눈빛 그리고 몸짓 하나하나에서 고객의 마음을 읽어내는 능력을 갖추어야 한다. 그러기 위해서는 상대의 입장에서 생각하는 자세를 가져야 하고 그것이 곧 이심전심의 서비스를 제공하는 첫걸음이기도 하다.

지금은 동방예의지국이라는 말이 무색할 정도로 우리의 예의범절이 많이 무너진 상태지만 적어도 친절을 생활 속에 배이게 하여 세계 방방곡곡에 동방친절지국이라는 명성을 드날렸으면 하는 바람이다.

성공을 위한 실전에서의 서비스 드림(Dream) 2

고객의 감동은 고객 만족에서 · 똑똑한 서비스의 힘 · 서비스는 아날로그 식으로

1. 고객의 감동은 고객 만족에서

"그 닭갈비집은 언제 가도 사람들로 북적거리기 때문에 기다리지 않고는 먹을 수가 없다고. 아마 음식 맛도 훌륭하고 푸짐하게 주기 때문일 거야. 게 다가 닭갈비를 먹으러 가서 신나게 웃을 수 있고 행복까지 느끼게 된다니 까! 사실 이 근처에 닭갈비집이 상당히 많잖아. 그런데도 그 집만 유독 손님 으로 북적이는 이유는 먹고 즐기고 행복해지는 일석삼조를 제공하기 때문 일 거야." 한 직원이 어느 닭갈비집에 대해 입에 침이 마르도록 칭찬하는 말 을 듣고 호기심이 발동한 내가 물었다.

"그 집의 매력이 뭐라고 생각하세요?"

그런데 그 직원의 대답이 걸작이다.

"글쎄요. 닭갈비에 웃음을 양념해서 주는 것이 매력인 것 같은데요!"

그 직원의 말은 사실이다. 실제로 그 닭갈비집은 손님들이 단순히 닭갈비 만을 원하는 것이 아니라 따뜻하고 유쾌한 서비스까지 원한다는 사실을 알고 실천했던 것이다. 입구에서부터 밝고 명랑하게 인사하는 소리를 듣는 것만으로도 기분이 밝아질 지경인데, '살살이', '화살표' 등 재미있는 이름표를 달고 이름에 걸맞은 의상을 입고서 손님들을 맞이하는 그 열정과 노력에 음식을 먹기도 전에 미소를 짓게 된다.

그리고 주문을 받으면서 막간을 이용하여 마술까지 보여주는 종업원의 매력에 흠뻑 빠져들 무렵이면 또 다른 종업원이 다가와 스페셜 메뉴라면서 뚜껑이 달린 산뜻한 은쟁반을 내민다. 우리가 스페셜이라는 말에 마냥 좋아 신나게 뚜껑을 열어보면 미역냉국이 화려하고 긴 크리스털 그릇에 담겨 있고 여기에 빨대와 체리 그리고 장식용 우산까지 꽂혀 있다.

이 얼마나 기막히고 재미있는 발상인가! 이쯤 되면 손님들은 웃지 않고는 배기질 못한다. 이윽고 일행들과 함께 닭갈비를 시식하며 이야기에 열중할 즈음이 되면 꼬리를 단 종업원이 살짝 다가와 앞치마에서 뭔가를 꺼내어 선물이라며 내민다. 그것을 받는 순간, 우리는 또다시 폭소를 터뜨린다. 선물은 다름 아닌 주먹 두 배 만한 모형 고구마이기 때문이다.

그리고 우리가 닭갈비를 다 먹고 나면 종업원이 밥을 비벼주면서 이러쿵저러쿵 재미있는 이야기까지 들려주고 마지막에는 닭갈비 값을 계산할 사람까지 지정해준다.

"오늘은 이 분이 쏘신답니다!"

그 말을 듣고 우리가 의아하다는 듯한 표정으로 그 종업원이 가리키고 있는 사람의 팬 위에 비벼진 밥을 보면 또 다시 웃지 않을 수 없다. 종업원이 밥을 화살표 모양으로 만들어 놓은 것이다. 입으로는 연신 우리를 즐겁게 할 이야기를 들려주면서 마음속으로는 음식값을 낼 만한 '물주' 를 정하면서 밥을 이리저리 비볐을 생각을 하니 살며시 웃음이 난다. 어쩌면 내가 그 집에 갈 때마다 그 화살표가 나를 빗겨갔기에 더 행복하고 좋았는지도 모른다.

실제적인 욕구와 개인적인 욕구의 충족

고객만족을 지향하려면 고객을 제대로 알아야 한다. 다시 말해 고객이 원하는 것이 무엇인지를 정확히 알아야 하는 것이다.

실제적인 욕구와 개인적인 욕구를 모두 충족시킨 고객은 그 장소와 브랜드를 계속 찾게 되고 타인에게도 적극적으로 추천한다. 여기서 말하는 실제적인 욕구란 '원하는 상품을 원하는 가격에 원하는 방법으로 원하는 시기에 취하고 싶어하는 욕구' 를 말하며, 개인적인 욕구란 '상품을 판매하는 직원에 의해 그 상품을 취하는 사람의 자존심이 충족되는 것' 을 의미한다.

이 두 가지 욕구 중에서 한 가지만 부족해도 고객은 발길을 돌리게 된다. 그 이유는 그 두 가지 욕구를 충족시킬 수 있는 곳이 우리 주변에 너무도 많기 때문이다.

물론 그 두 가지 욕구를 충족시켜 주는 일이 그리 쉬운 것은 아니지만, 일단 그것을 충족시키면 고객은 기업에게 혹은 가게에 더 많은 것을 가져다준다. 예를 들면 홍보를 해달라고 부탁하지 않아도 자연스럽게 열심히 홍보를 하고 다니게 된다. 물론 이것은 자신이 받은 서비스가 좋아서이기도 하지만, 그러한 것의 내면에는 자신이 그렇게 멋진 서비스를 받을 만한 사람임을 은근히 자랑하고자 하는 마음이 깔려 있는 것이다.

이러한 사람이 늘어나면 결국 기업의 입장에서는 광고와 영업사원 노릇을 해주는 유능한 직원을 보수 없이 활용하는 셈이 된다.

반대로 자신의 욕구를 충족시키지 못한 고객은 제품을 구입하지 않을 뿐만 아니라 더 나아가 다른 고객에게 그 제품을 혹평함으로써 다른 사람들도 사지 않게 만든다. 이것은 경쟁기업보다 더 무서운 요소다. 그렇기 때문에 고객만족이 중요한 것이다. 물론 고객만족에 신경 쓰지 않아도 매출이 증대하고 이윤을 얻는 기업도 많다. 하지만 그것은 순간적인 이윤일 뿐이고 결국에는 고객만족의 필요성을 실감하게 될 것이다.

하나는 알고 둘은 모르는 서비스

내가 근무하는 곳은 사무실이 밀집되어 있기 때문에 점심시간이면 식당가가 사람들로 홍수를 이룬다. 나도 마찬가지로 점심시간이면 그러한 홍수에 떠밀려 수많은 식당 간판을 둘러보면서 골라잡기에 여념이 없다. 그렇게 수요가 넘치도록 많다 보니 공급자 입장에서는 고객만족에 대해 그다지 고민을 하지 않는 듯하다.

하긴, 샐러리맨의 금쪽같은 점심시간을 충분히 활용할 수 있도록 신속하게 원하는 음식을 대령하면 된다는 지극히 원초적인 고객만족만 성사시켜도 웬만큼 고객이 몰려드는 실정이니 그것은 어쩌면 당연한 것인지도 모른다. 나 역시 스피드 서비스에 익숙해진 탓인지 '맛있게 드세요' 라는 따뜻한 말 한 마디는 아예 기대조차 하지 않는다.

한 번은 처음으로 가는 식당에서 10분을 기다렸다가 간신히 자리를 차지하게 되었다. 하지만 아직 앞서 먹었던 사람들의 빈 그릇이 치워지지 않은 상태였기에 '사장님, 테이블 좀 치워주세요' 라고 부탁을 했는데, 대뜸 볼멘소리가 날아왔다.

"지금 사람 많은 거 안 보여? 빈 그릇을 주방에 갖다 주던가 아니면 밖에서 좀 기다리면 될 걸 가지고……"

어찌나 창피하고 무안하던지 음식 맛은 좋았지만 이후로 그 집에 두 번 다시 가지 않았다.

그런데 나중에 들은 이야기지만 그래도 그 집은 친절한 편이란다. 아예 대꾸조차 안 하고 들은 척도 안 하는 집이 수두룩하다는 것이 아닌가. 수요가 많다 보니 아마도 공급자의 마인드에 자만의 싹이 튼 모양이다. '음식이 맛있는 한 고객은 절대로 이곳을 떠나지 못해' 라는 그런 자만심.

하지만 이것은 하나는 알고 둘은 모르는 소리다.

그러한 불친절에 분노를 느낀 손님이 어디 나 하나뿐이겠는가. 어쩌면 머지않아 그 불친절한 식당을 가지 말자는 '안티사이트' 가 생길지도 모른다. 안티 사이트들이 꼬리에 꼬리를 물게 되면 볼멘소리로 투덜거리던 주인은 아마도 어쩔 수 없이 방긋 미소를 지으며 친절하게 손님을 맞이하게 될 것이다.

있을 때는 그 소중함을 모르고

　있을 때는 그 소중함을 모르다가 잃어버린 후에야 그 안타까움을 알게 되는 못난 인간의 습성……. 내 자신도 그와 닮아 있지 않나 하는 생각이 들 때면 매우 부끄러워집니다. 내일이면 장님이 될 것처럼 당신의 눈을 사용하십시오. 그와 똑같은 방법으로 다른 감각들을 적용해보시길. 내일이면 귀머거리가 될 것처럼 말소리와 새소리, 오케스트라의 힘찬 선율을 들어보십시오. 내일이면 다시는 사랑하는 사람들의 얼굴을 못 만져보게 될 것처럼 만져보십시오. 내일이면 다시는 냄새와 맛을 못 느낄 것처럼 꽃향기를 마시며 매 손길마다 맛을 음미하십시오.

-헬렌 켈러-

고객은 무서운 존재다. 동시에 고마운 존재다. 그리고 필요한 존재다. 그야말로 다양하고 또 다양한 형태로 계속 변하는 존재가 바로 고객이다.

2. 똑똑한 서비스의 힘

피곤에 지쳐 있는 사람에게 안마를 해주면 아마도 상대방은 이렇게 말할
것이다.

"아, 정말 시원하네요. 고마워요."그런데 이쪽의 기대를 저버리고 상대
방이 "아, 너무 아파요. 좀 살살 할 수 없어요?"라고 말한다면 기분이 어떠
할까? 한 마디로 김이 새고 말 것이다. 그러므로 이왕 서비스를 하려면 상대
방이 만족하고 격려해주지 않는 그런 서비스가 아니라 '똑똑한 서비스'를
해야 한다.

그렇다면 똑똑한 서비스란 어떤 서비스를 말하는 것일까?

내가 갖고 있는 능력을 고객을 위해 제공하고 그것을 제공받은 고객이 만
족을 하는 것은 물론 고객의 만족스런 모습을 보면서 나 또한 만족감과 행
복감을 느끼는 서비스를 말한다.

진정한 의미의 서비스는 상대방이 기뻐하는 것을 보고 서비스를 제공한
나 자신이 기쁨과 보람을 느끼는 쌍방향 커뮤니케이션이어야 한다. 혼자 하
는 짝사랑과는 근본적으로 다르다. 때에 따라서는 내가 뿌린 서비스가 반사
적으로 오지 않고 시간적·공간적으로 잠시 뜸을 들였다가 오기도 하므로

여유를 갖고 기다리는 자세도 필요하다.

■ 업그레이드 파워서비스

누군가를 아끼고 사랑하면 할수록 자신의 모습은 보다 더 활기차고 생동감 넘치게 된다. 이처럼 서비스맨은 고객에게 즐거움을 선사하며 이를 자신의 기쁨으로 승화시킬 줄 알아야 한다. 고객은 서비스를 받아 기쁘고 이렇게 감동을 받은 고객은 재구매를 하거나 가게를 다시 찾아줌으로써 그 서비스에 보답하는 것이다. 서로에게 이익이 되는 윈윈(Win/Win)의 원리가 바로 똑똑한 서비스다.

· 플러스 감성 서비스를 위한 키워드

결승전 앞에서는 최선을 [좋은생각에서]

그리스의 철학자 디오게네스는 우리에게 괴짜로 잘 알려진 인물이다. 그의 가르침을 얻고자 수많은 사람들이 그를 찾았을 때 사람들은 실망부터 했다. 명성답지 않게 넝마를 걸치고 초라한 통나무 속에 드러누워 있는 그의 모습은 철학자라기보다 거지에 가까웠기 때문이다. 그러나 일단 대화를 나누게 되면 사람들의 생각은 달라졌다. 아무것도 없는 그에게서 세상에서 가장 성스럽고 행복한 인간의 모습을 발견했기 때문이다. 그리고 그의 기이한 행동에는 사람들이 쉽게 이해할 수 없는 지혜가 담겨 있는 경우가 많았다.

디오게네스도 나이가 들자 차츰 기력이 떨어졌다. 그러자 자신이 살고 있는 통나무 주변에 결승점을 그렸다. 그리고는 열심히 통나무를 굴리며 무슨 일이 있더라도 결승점에 도달하려고 애를 썼다.

하루는 제자가 그의 이상한 행동을 보고는 걱정스럽게 말했다.

"이제 나이도 있으신데 제발 좀 쉬엄쉬엄 사세요. 약한 몸으로 그렇게 무리하시다간 큰 일 납니다."

제자의 말에 디오게네스는 고개를 저었다. 그리고는 활짝 웃으며 이렇게 말했다.

"대부분의 사람들이 나이가 들면 몸을 움츠리고 쉬엄쉬엄 살아갈 궁리부터 하지. 그러나 지금 나는 릴레이 경주의 마지막 주자라네. 결승점이 바로 눈앞에 있는 셈이지. 그런데 눈앞에 결승점을 두고 쉬엄쉬엄 달리라니. 결승점이 가까워질수록 더욱 최선을 다해 뛰는 것이 경주의 이치 아닌가?"

죽음도 인생의 결승점인 만큼 주춤거리지 말고 더욱 최선을 다해 뛰어야 한다고 믿은 디오게네스. 이러한 긍정적인 인생관 덕분일까. 그는 아흔 살이라는 장수를 누렸다.

서비스는 사과나무다

KT의 남중수 사장의 경영철학은 바로 '원더(Wonder) 경영'이다.

그가 자주 인용하는 문장은 "Good is the enemy of Great(좋은 것은 위대한 것의 적)." 짐 콜린스가 쓴 『좋은 기업을 넘어 위대한 기업으로』라는 책에 나오는 말이다.

좋은 회사에 만족하다 작은 회사에 인수된 AT&T가 아니라 GE나 BT가 돼야 한다는 것이다. 원더 경영의 대상은 소비자, 주주, 내부고객이다. 남 사장이 내건 화두는 '출문여견대빈(出門如見大賓·밖에서 마주치는 모든 사람을 큰 손님 섬기듯 대하라).' 인데, 모든 사람을 고객이라고 생각하고 받들어야 블루오션으로 나갈 수 있다는 얘기다.

주주에게도 감동을 주겠다고 약속한다.

KT의 미래는 남 사장의 손에 달려 있다고 해도 과언이 아니다.

[한국경제신문 2005.09.08]

위에서도 볼 수 있듯이 주목받는 기업이나 성공의 문을 드나드는 사람에게는 철학이 있다.

서비스는 '철학' 이라는 뿌리에 '관심과 배려' 라는 줄기를 타고 '표현' 이라는 초록빛 나뭇잎으로 타인에게 베풀면, 어느 새 자신이 평생 먹고도 남을 싱싱한 '보람' 이라는 사과 열매를 맺는다.

그런데 만약 서비스 제공자에게 서비스 철학이 없다면 어떠할까?

서비스 철학이 없는 상태에서 고객이 원하는 대로 해주는 고객만족은 단기적인 것으로 그야말로 물거품에 지나지 않는다. 따라서 관심과 배려를 통해 고객이 원하는 부분과 서비스 제공자의 서비스 철학이 조화롭게 어우러져 적정한 공통분모에서 제공될 수 있는 서비스 방법을 모색해야 한다. 그리고 그것을 적극적으로 표현해야 한다.

사랑의 힘

태어난 지 얼마 안 된 두 쌍둥이가 있었습니다.

왼쪽 아이는 몸이 너무 안 좋아서 인큐베이터 속에서

혼자 죽음을 맞이할 수밖에 없었습니다.

이 아이를 불쌍히 여긴 한 간호사는 병원의 수칙을 어기며

두 아이를 한 인큐베이터 속에 넣어 두었습니다.

그러자 건강한 오른쪽 아이가 자신의 팔을 뻗어

아파하는 아이를 포옹하는 일이 벌어졌습니다.

그러자 놀랍게도 왼쪽 아이의 심장도, 박동도, 체온도,

모두 정상으로 돌아오고 건강을 되찾게 되었다고 합니다.

사랑하는 사람을 꼭 안아 주세요.

하루에 4번 이상씩 사람들과 포옹하는 사람은 하루 종일 자신감으로 가

득 찰 수 있답니다.

3. 서비스는 아날로그 식으로

누군가로부터 선물을 받거나 상대방의 관심의 대상이 된다는 것은 매우 즐거운 일이다.

어느 날, 나에게 작은 소포꾸러미가 날아들었다. 기쁜 마음에 서둘러 풀어보았더니 그 안에는 잡지책과 더불어 편지 한 장이 들어 있었다.

안녕하세요? 안과전문의/의학박사 ○○입니다. 대학과 공직에서 봉직하다가 여기 ○○○에 레이저 시력교정클리닉을 오픈한 지 어느 덧 9년이라는 시간이 지났군요. 지나온 세월을 돌아보니 새삼스레 처음으로 수술을 집도할 때가 생각납니다. 당시에는 레이저 시력교정이라는 수술법이 새롭게 등장하던 시기라 그다지 호응을 받지 못했거든요.

저를 믿고 저에게 눈을 맡겨주신 여러분들께 다시 한 번 감사드립니다. 저에게 받으신 수술에 대해서는 걱정하지 마시고 안심하십시오. 저는 항상 여러분의 곁에 있습니다. 무소식이 희소식이라는 말도 있지만 그래도 자주 들러주십시오. 밝은 눈으로 청정하고 깨끗하게 이 세상을 바라보시게 된 것을 진심으로 축하드리며, 이번 달에도 생활에 보탬이 될 잡지를 선정하여 작은 성의를 표합니다. 여러분들께 날마다 기쁜 일이 함께 하시기를 기원합니다.

그 의사는 라식수술을 하기 전 로비를 위해서가 아니라, 두 번 다시 수술할 필요가 없을지도 모르는 사람에게 영원히 친근한 의사가 곁에 있다는 사실을 상기해 주고자 따뜻한 마음을 잡지에 실어 보내준 것이었다. 물론 그것은 고객관리를 통해 또 다른 고객을 유도하기 위한 마케팅일 수도 있지만, 어찌되었든 수술한 지 1년이 넘는 환자에게 그러한 관심과 배려를 보여준다는 사실에 매우 기분이 좋았다.

수술 당시 수술비가 다소 비쌌기에 손해 보는 듯한 느낌이 없지 않아 있었지만 후유증도 없었고, 또한 사랑이 담긴 소포를 통해 나의 선택이 탁월했음을 깨닫게 해주는 그 정성에 정말로 많은 사람들에게 자랑이라도 하고 싶었다.

실제로 나는 많은 사람들에게 그 경험을 들려주었고, 그 작은 배려는 아직도 내 가슴에 작은 감동으로 남아 있다. 아무리 디지털 시대라고는 하지만 인간관계의 관심과 배려만큼은 누구나 아날로그 식을 원한다. 그리고 그처럼 휴머니즘이 물씬 배어나는 세상이 우리가 원하고 또한 바라는 살기 좋은 세상일 것이다.

나는 지금도 그 잡지를 통해 많은 정보를 얻고 있다. 그럴 때마다 나는 밝은 세상을 보게 해준 그 의사 선생님에 대한 고마움을 떠올린다. 역시 서비스는 처음보다는 뒷모습의 아름다움이 오래 남는 것 같다.

권위 있는 병원과 권위적인 병원

알코올 냄새가 나고 여기저기서 아이들의 울음소리가 터져 나오는 병원이 아니라, 어린이들이 즐길 수 있는 놀이터가 준비되어 있어 어린 환자들이 환하게 웃고 있는 소아과 병원을 알고 있는가? 그 병원에 들어서면 귀여운 집게 인형이 여기저기에 장식되어 있고 어린 환자들은 모두들 하늘색, 핑크색으로 알록달록 예쁜 환자복을 입고 있다.

또 다른 병동에서는 오빠에게 신장이식을 하는 여동생 환자에게 의사가 다정하게 구체적으로 상담을 해주고 있다.

"담배를 피우시나요?"

"아뇨."

"좋습니다. 그러면 신장이 아주 건강하겠군요. 완쾌도 한결 빨라질 것입니다. 신장이식 수술은… 진행됩니다. 혈액 때문에 에이즈에 걸릴 확률이 있긴 하지만 그 비율은 100만분의 1입니다. 너무 걱정하지 않으셔도 좋습니다."

어찌 보면 너무 지나치다 싶을 정도로 꼼꼼하게 설명해 주는 그 모습이 부럽기도 하고 낯설기도 했다.

일단 몸이 아파 병원을 찾으면 우리는 보통 '3시간 대기, 3분 진료' 라는 말을 실감하게 된다. 진료는 의사의 일방적인 처방으로 짧게 끝나는 반면, 기다리는 시간은 그 몇 배에 달하는 것이다. 하지만 이웃나라 일본에서는 환자들의 대기시간을 획기적으로 줄일 수 있는 시스템을 개발하여 활용한다고 한다. 그것은 일명 '포켓벨' 로 환자가 스스로 진찰권을 끊으면 그 시간이 그대로 순번으로 입력된다. 그리고 본인 차례가 되면 갖고 있던 '포켓벨'이 자동으로 소리를 내기 때문에 진찰실 앞에서 목이 빠지게 기다리고 있지 않아도 된다. 따라서 그 시간에 자신이 해야 할 일을 하면서 진찰을 기다릴 수도 있다.

우리나라도 환자의 입장에 서서 이러한 시스템을 고려해 보는 것이 좋을 것이다. 물론 제아무리 완벽한 시스템이 구비된다 할지라도 환자의 지친 심신을 어루만져 주어야 할 사람은 바로 의사와 간호사다.

지친 심신을 이끌고 병원을 찾은 환자나 보호자는 건강을 지켜줄 의사와 간호사로부터 따뜻한 휴머니즘을 느끼고 싶어하며 실제로 그러한 인간미를 느끼게 되면 질병의 회복도 빨라지고 무엇보다 가슴 속으로부터 깊이 감사하게 된다. 다급하게 병원을 찾아와 어떻게 해야 할지 몰라 허둥대는 환자나 보호자들에게 구체적인 진찰절차를 설명해 주는 원무과 직원들의 따뜻함, 부드러운 눈길로 링거 주사를 꽂아주는 간호사들의 훈훈한 손길, 환자를 내 가족처럼 배려하고 관심을 보이며 친절하게 진찰하는 의사, 밥 한 공기, 국 한 그릇이 환자의 피가 되고 살이 된다는 것을 알고 온 정성을 다해 식사를 준비하는 식당 아주머니, 그들 모두는 병원을 찾는 환자들에게 소중한 사람들이다.

어떤 병원에서는 수술실까지 침대를 옮겨주는 한 직원 때문에 환자의 발길이 끊이지 않는다고 한다. 물론 어느 병원에서든 직원이 환자의 침대를 수술실까지 옮겨주긴 하지만, 그 병원의 직원은 특히 긴장과 초조함으로 불안해 하는 수술 직전의 환자들에게 이렇게 말한다고 한다.

"어디가 아파서 수술하세요?"

“네… ○○ 수술해요.”

“어느 의사 선생님이 수술하세요?”

“○○○선생님이래요.”

“아이고, 운이 참 좋으시네요. 그 분이 그 분야에서는 1인자시잖아요.”

이 세 마디로써 그 직원은 수술환자들에게 용기와 희망을 불어넣어 주는 것이다. 물론 그 직원이 모든 의사들의 능력을 알리는 만무하다. 알 수도 없는 노릇이거니와 설사 안다고 해도 환자들에게 희망과 기대감을 안겨주어야겠다는 따뜻한 마음이 없다면 실천하기 힘든 일이다.

그저 인사치레려니 할 수도 있지만 수술 직전의 환자들에게 그 말은 물에 빠진 사람에게 그야말로 밧줄을 던져주는 것만큼이나 진한 희망을 안겨주었을 것이다.

서비스란 그 부피가 커야만 좋은 것이 아니다. 그 깊이가 무조건 깊다고 해서 좋은 것도 아니다. 비록 작고 보잘것없다 해도 상대가 가장 필요로 할 때, 적시적소에 행할 때 그 가치가 높아지는 법이다.

온갖 권위의식에 휩싸여 있는 의사가 없는 병원, 환자를 가려가면서 살피는 간호사가 없는 병원, 돈 되는 환자만 차별하여 돌봐주는 풍조가 없는 병원. 세상이 이러한 병원으로 가득해진다면 보다 살맛나는 곳이 될 것이다.

사회를 결합하는 쇠사슬

요즘에는 전화응대에 ‘삼진아웃’ 제도를 실시하는 기업이나 관공서가 점점 늘어나고 있다. ‘신속, 정확, 정중’ 의 세 가지 중에서 하나라도 제대로 지키지 못하면 삼진아웃을 당하는 것이다.

그러다 보니 세무공무원의 경우에는 고객이 “무슨 세금이 그렇게 많이 나옵니까?”라고 항의 전화를 해도 “고맙습니다.”라고 말해야 하는 웃지 못할 해프닝이 벌어지기도 한다. 물론 이것은 전화모니터링의 한계이자 모순이기는 하지만 그래도 호감이 가는 전화응대를 위해 노력하는 모습은 높이 사고 싶다.

하지만 세무공무원의 경우에는 단순한 친절만이 목적이 아니라는 사실을 명심해야 한다. 세무공무원은 의사와 마찬가지다. 늘 사람 좋은 미소를 머금고 인사만 잘하는 돌팔이 의사는 환자에게 치명적이듯, 친절하기만 한 세무공무원도 당연히 거두어야 할 세금을 걷지 못해 국가에 누를 끼치게 된다.

세무공무원에게 있어서 친절은 노래와 같다. 다시 말해 당연히 내야 할 세금이지만 그것을 기분 좋게 내고 싶도록 만들어주는 친절은 노래의 역할을 하는 것이다. 때문에 친절이 목적이 될 수는 없지만, 결코 무시해서도 안 될 중요한 수단이며 방법인 것이다.

한 번은 ○○세무서에서 강의하기 위해 전화모니터링을 하게 되었는데, 평균점수가 꽤나 좋게 나왔다. 그 결과가 의아했던 나는 담당과장을 만나 어떻게 그토록 친절하게 전화응대를 하는 것이 일반화되었느냐고 물어보았다.

“혹시 ‘친절은 이 사회를 결합하고 있는 쇠사슬’ 이라는 말을 들어보셨나요? 사실, 세무공무원이 친절하게 전화를 받는 것이 현실적으로 쉬운 일은 아닙니다. 하지만 친절이라는 것이 본래 뭔가를 바라고 하는 것은 아니잖아요. 그리고 친절을 베풀면 언젠가 그 친절이 다시 자신에게로 돌아옵니다. 남에게 친절하면 상대방 역시 다른 사람에게 친절하려 노력할 것 아니겠어요? 그리하여 친절은 다음에서 다음으로 고리가 이어져가고 그 고리가 어느덧 자신에게까지 이어지게 되죠. 사실, 이 말은 제가 가장 좋아하는 독일의 시인 괴테의 말입니다. 허허허!"

진지하고도 상당히 깊이가 있는 답변이었다. 그의 말을 듣고 나는 '역시 의식 있는 리더가 있는 곳은 일하는 분위기가 다르다' 라는 생각을 하게 되었다. 그리고 나는 느긋한 기분으로 고객들의 평범하지 않은 요구에 세무공무원들이 어떻게 응대하고 있는지 직접 지켜보았다.

토지를 소유하고 있다는 한 납세자는 그 토지를 팔면 2년 후에 양도소득세가 어느 정도나 나올지 계산해달라고 요구했다. 물론 그것은 허무맹랑한 요구였지만, 세무 상담원은 전혀 짜증내지 않고 편안하게 응대해 주었다.

"물론 그 내용이 궁금하시겠지만, 지금은 계산하기가 어렵습니다. 해마다 지가가 달라지기 때문이죠. 죄송합니다."

그 부드러운 응대에 아마도 고객은 아무 말도 하지 못했을 것이다.

또 다른 세무 상담원은 이런 내용으로 통화를 하고 있었다.

"저희 시아버님께서 저에게 땅을 주신다는데 양도소득세는 얼마나 나올까요?"

"네. 죄송합니다만, 땅의 위치를 정확히 말씀해 주시겠습니까?"

"위치는 잘 모르는데요."

"위치를 정확히 알아서 전화주시면 제가 정확히 계산해 드릴 수 있습니다만… 위치를 알아보신 뒤에 다시 한 번 전화주시겠습니까?"

마음에서 우러나오는 친절한 전화응대에 내 마음까지도 훈훈해지고 있는데, 그 상담원은 자세히 설명을 해주고 난 뒤에도 "이해가 가셨습니까?"라고 친절히 한 번 더 확인하는 것도 잊지 않았다.

이 얼마나 향기로운 한 마디인가? 그야말로 막 세수를 끝낸 사람에게서 풍기는 풋풋한 비누향기가 그대로 전해지는 듯했다.

사실, 우리네 관공서에 가보면 업무가 산더미처럼 쌓여 있기 때문에 모두들 바쁘게 움직인다. 직접 찾아온 고객을 상대하랴, 밀린 업무 처리하랴 거기다 전화응대까지 1인 3역을 하는 것이 결코 쉽지는 않을 것이다. 물론 제대로 전화응대를 하려면 전문 인력을 확보해야 하지만 그렇게 하기에는 여러 가지 난제가 있기 때문에 기존의 인력들이 모두 소화해내는 수밖에 없다. 그런데 그렇게 바쁜 사람들이 친절하게 전화응대를 하는 곳이 늘어난다니 참으로 반가운 소식이 아닐 수 없다.

그것은 아무리 바빠도 마음을 긍정적으로 컨트롤하면 충분히 기분 좋게 자신의 역할을 소화해낼 수 있음을 잘 보여주는 것이라 할 수 있다. 심지어 어떤 관공서에서는 전화모니터링을 통해 부서 및 개별점수를 내고 잘못한 사람에게는 패널티를 가하는 위험부담도 감수한다고 한다.

궁극적인 고객만족을 위해 눈물겹게 노력하는 것이다. 하지만 보다 더 중요한 것은 친절한 전화응대를 받을 자격이 없는 일부 몰지각한 고객들의 일방적이고 저속한 전화를 근절하는 일일 것이다. 논어에서 '자신이 원하지 않는 것은 남에게 베풀지 말라' 고 가르치듯, 아무리 급하고 속상할지라도 경우 없는 행동을 하는 것은 문제가 있다. 조금만 입장을 바꿔 생각해 보고

성급하게 감정을 표현하는 행동은 자제했으면 좋겠다.

'뿌린 대로 거둔다.' 라는 세상살이의 이치를 다시 한 번 되새겼으면 한다.

서비스 계획 실천 프로젝트

첫째, 서비스가 필수라고 생각한다면 망설이지 말고 당장 시작하라.

서비스를 익히는 시간을 밥 먹는 시간으로 생각하라. 시간이 없다고 굶는가? 시간이 없다거나 바쁘다는 핑계는 그만큼 절박감을 덜 느낀다는 말과 같다.

둘째, 긍정적인 사람과 파트너가 되어 서로 긍정적인 칭찬, 유머 등을 통해 시너지 효과를 낸다.

셋째, '반드시 할 수 있다' 라는 믿음을 갖는다. 그리고 '오믈렛을 만들고 싶다면 우선 계란을 깨라' 는 속담처럼 베풀기 쉬운 서비스부터 꾸준히 실천한다.

넷째, 출퇴근 시간을 이용하여 마음을 맑고 밝게 해주는 책을 조금씩 꾸준히 읽는다.(물론 만화책이어도 상관없다.)

다섯째, 걱정이나 고민거리를 머리로만 생각하지 말고 종이에 구체적으로 기록하여 그것을 해결할 방법을 모색한다. 내가 걱정과 고민에 휩싸여 있는 상태에서 타인을 위해 이야기를 들어주거나 고통을 덜어 받기는 어렵기 때문이다.

우리의 몸은 2%의 수분이 부족할 때 갈급함을 느끼지만
우리의 사랑은 항상 1%에 민감하다고 한다.

그래서 인간사에 있어서 사랑은 영원한 주제였나 보다.
조금만 부족해도 갈급함을 원하니까.

변화를 많이 이야기하고 또 많이 목말라하는 세상이다.
하지만 100%의 변화는 없다.

1% 오버해서 배려하고 1% 오버해서 먼저 가까이 가고
어제와 다르게 1%만 달라지는 것, 어제의 태도보다 1 %만 더 적극적인 것,
어제보다 1%만 더 많이 공부하는 것.

오늘의 1%는 바로 내일의 100 % 이기에,
그래서 행복이라고 한다.

완벽한 변화는 오늘 1% 변화하는 것임을 믿는다.
갈급함을 원하니까…

친절한 마음은 밭이요, 친절한 생각은 뿌리요, 친절한 말은 꽃이요, 친절한 행위는 열매다.

서비스는 마술이 아니다 3

자신을 모니터링하는 셀프짱이 되라 · 자신의 감성에 푹 빠져라
자신의 이미지에 푹 빠져라 · 서비스의 마무리는 말끝자락

1. 자신을 모니터링 하는 셀프짱이 되라!

요즘 한창 뜨고 있는 얼짱, 몸짱, 강짱 등의 용어처럼 자신의 모습에서 뭔가 다른 느낌을 원한다면 '셀프짱' 이 되어 보는 것은 어떨까? 때로는 현실 속에서의 변신이 꿈이나 소설보다 더 드라마틱한 법이다.

만약 당신이 변신을 꿈꾸고 있거나 이미 변신을 시도하고 있는 중이라면 최근의 새로운 트렌드인 '셀프 디자인족' 을 고려해 보라.

여기서 말하는 디자인이란 사물의 형태를 고안하는 수준이 아니라 몸도 마음도 삶도 모두 변화시키는 것을 의미한다. 따라서 셀프 디자인족은 몸과 마음, 시간과 공간, 라이프 스타일과 삶의 방향까지 새롭게 디자인한다. 중요한 것은 '진정한 변신이란 외형이 아닌 내면을 바꾸는 데 있다.' 는 사실이다.

전략적으로 셀프 디자인을 하는 어떤 사람은 시간, 장소, 상황에 맞는 연출이 가장 멋스럽다는 사실을 알고 난 뒤부터 가장 자주 통화하는 전화번호가 일기예보 안내번호인 '131' 이 되었다고 한다. 날씨를 고려하여 일주일간의 의상, 신발, 액세서리를 치밀하게 계획하고 그것을 수첩에 꼼꼼히 기록해 두었다가 코디를 한다는 것이다. 이처럼 스스로를 디자인하면서 기분과 행동까지 바꾸려는 노력에 박수를 보내고 싶다.

흔히 심리학자들은 '자기검색(self monitering)' 성향이 높은 사람일수록 변신하기 쉽다고 한다. 자! 지금부터 자기검색을 통해 스스로 만족하고 인정하는 '셀프짱!' 이 되어 보라.

■ 업그레이드 파워서비스

변신을 위한 조언

미국 일리노이대학에서 재미있는 실험을 해 보았다.

이 대학 농구팀 선수를 A, B, C 세 그룹으로 나누어 A 그룹 선수에게는 한 달 동안 슈팅 연습을 시키고, B 그룹 선수에게는 한 달 동안 슈팅 연습을 시키지 않았다.

C 그룹 선수들에게는 연습을 시키지 않은 대신 체육관에 가지 않고 숙소에서 마음속으로 연습하는 모습을 상상하게 했다. 즉, C 그룹 선수들은 매일 30분 동안 마음속에서 자신이 직접 공을 던져 득점하는 장면을 그려보고, 또 기량도 점점 향상되는 자신들의 모습을 상상하는 소위 '마음의 훈련' 을 했다고 한다.

그 후 한 달이 지나자 세 그룹의 슈팅 득점률을 테스트했다.

그런데 뜻밖의 결과가 나왔다. 매일 체육관에서 실제 연습을 한 A 그룹은 슈팅 득점률에서 25%의 향상을 보인 반면에, 전혀 훈련을 하지 않은 B 그룹은 아무런 진전이 없었다. 그리고 시각화를 통해 마음의 훈련을 한 C 그룹 선수들은 A 그룹과 같은 향상을 보였다고 한다.

성공한 사람들은 여러 가지 성공인자를 바탕으로 인생이라는 강에서 성공을 낚는 데 시각화(Visualization)라는 떡밥을 사용했다고 한다.

시각화란 당신의 무한한 자원인 상상력을 이용하는 것이다. 당신이 아직 일어나지 않은 상황 속에 처해 있다고 가정하고, 당신이 원하는 것을 갖고 있고, 원하는 일을 하고 있고, 또 바라는 것을 달성한 것처럼 미리 마음속에 그려보는 것이다.

미래의 성공한 자신을 미리 그려봄으로써 자기 동기부여를 강력하게 유발시키는 작업이다. 한마디로 말해 시각화란 당신이 만들 성공 인생이란 영화의 예고편이라고 보면 되는 것이다.

시각화는 이렇게 마음속으로 할 수 있지만 당신이 성공한 모습을 잘 나타내는 그림이나 사진을 통해서도 가능하다.

당신이 시간을 가장 많이 보내는 장소에 당신의 비전을 함축해서 표현할 수 있는 그림이나 사진을 가장 잘 보이는 곳에 번듯하게 걸어 보아라. 가령 도약을 원하면 장애물 경기를 하는 선수 모습을, 전원주택을 원하면 그럴듯한 전원주택 사진을, 큰 사옥을 소유하고 싶으면 유사한 빌딩의 사진을, 국내 최고의 CEO가 되기를 원하면 당신이 존경하는 CEO의 모습을 담은 사진을 걸어 놓아라.

그러면 시각화를 성공적으로 하기 위해 어떻게 해야 하는가?

첫째, 우선 당신이 원하는 것을 정하라.

둘째, 그리고 긴장을 풀고 몇 분 동안 편한 자세로 앉아 정신을 가다듬고 한곳에 집중하려고 노력하라.

셋째, 눈을 지그시 감고 약 10분 동안 당신이 실현되기 원하는 것을 시각화해 머리속에 뚜렷하게, 구체적인 영상으로 떠올려라.

넷째, 다음엔 이렇게 떠올린 영상을 바탕으로 마치 목표를 달성한 것처럼 그 목표를 항상 시각화해 그렇게 행동해라.

다섯째, 하루도 빠짐없이 반복해서 시각화해라.

반복의 위력은 대단하다. 그 위력의 맛을 곧 보게 될 것이다.

2. 자신의 감성에 푹 빠져라

옛날에 한 어머니가 곧 태어날 아이를 위해 기도를 하고 있었다.

"주여! 모든 사람에게 사랑을 듬뿍 받는 아이가 되게 해주소서!"

하느님은 지극한 정성으로 기도를 하는 그 어머니의 소원을 들어주었다. 그런데 세월이 흘러 사랑을 받는 것에만 익숙해진 아이는 거만하기 짝이 없는 아이로 자라났다. 그 모습을 본 어머니는 예전에 빌었던 자신의 기도가 얼마나 부질없고 어리석은 것이었는지를 깨닫고 다시 기도를 올렸다.

"주여! 어리석은 저를 용서하시고 제 아이가 사랑을 받기보다 사랑을 듬뿍 줄 수 있는 아이로 자라게 해주소서!"

사랑은 받기보다 베풀 줄 아는 것이 더 중요하다. 왜냐하면 사랑을 베푸는 사람은 일부러 사랑받게 해달라고 기도하지 않아도 사랑을 받게 되기 때문이다.

"사랑을 베풀면 사랑을 받는다!"

우리는 지극히 자연스러운 이 명제를 자주 잊곤 한다. 늘 깨어 있는 자세로 사랑을 베풀 줄 아는, 친절을 베풀 줄 아는, 그리고 서비스를 할 줄 아는 그런 사람이 되어 보라. 그리고 그러한 자신의 서비스 감성에 열성적인 팬

이 되어 보라. 스스로 푹 빠져들 수 없는 서비스 감성이라면 타인이 그러한 서비스에 감동받을 리 없다.

자신의 서비스 감성을 매력 덩어리로 만드는 노력은 자기 자신을 위한 확실한 투자다. 인생은 사랑하며 살기에도 너무 짧지 않은가. 베르디의 오페라 '돈 카를로' 에 보면 이런 대사가 나온다.

"이 세상의 고통은 무덤에 가서야 따라 오지 않는다."

현실적으로는 지극히 당연한 말이다. 하지만 자신을 사랑하고 자신을 위한 투자를 멈추지 않으며 삶을 마음껏 즐기다 보면 근원적인 고통도 조금은 덜어지지 않을까?

자신을 사랑하는 방법을 아는 어떤 사람은 이렇게 말한다.

침팬지와 사람의 유전자 차이는 겨우 2 %이다. 그러나 그 경우가 동물과 인간으로 갈라놓았다. 작은 습관 하나가 그냥 웃어넘길 일이 아닐 때가 많다. 퇴근하면 습관적으로 TV를 켜고 일주일 프로그램 순서까지 다 외울 정도가 되는 움직이는 리모컨이 되지 말자.

"하루의 활동시간을 4분의 1씩 나눠 생활합니다. 일하기, 취미생활, 공부하기 그리고 대인관계에 골고루 시간을 배당하지요. 물론 그 마감시간도 스스로 정합니다."

더불어 그는 "스스로를 사랑하려면 다양성을 경험하고자 하는 욕구를 키워야 합니다."라고 충고한다.

3. 자신의 이미지에 푹 빠져라

몸짱 아줌마 정다연 씨는 자신의 외면의 변신이 자신감 형성에 큰 도움이 되었기에 많은 사람들에게 자신의 건강비법 등을 다방면으로 많이 전파하고 있다. 사람을 피하고 혼자 우울증에서 벗어나지 못했던 자신을 변신시킨 것은 바로 운동이고, 날씬한 몸매는 운동이 주는 고마움 중에 극히 일부분이라고 한다. 그렇다면 가장 큰 고마움은 무엇일까? 바로 자신감이다. 공감가는 말이 아닐 수 없다. 아름다운 사람들을 보면 공통점이 있다. 겸손함 속에 배어나오는 자신을 사랑하는 마음, 자신을 소중하게 생각하는 마음, 바로 자존감과 자신감이다. 거울 속에 비친 자신의 모습에 불만투성이인 사람이 타인에게 아름답게 보일 리 없다.

필자처럼 강의를 하는 강사에게는 강사의 이미지에 따라 강의 내용을 더욱 더 신뢰하게 하기도 하고 추락시킬 수 있는 정도가 조금 더 크다 할 수 있다. 많은 교육생이 궁금해 했던 필자를 포함한 강사들의 이미지메이킹 전략을 살짝 소개한다.

이미지메이킹

서울에서 땅 끝 마을 해남까지 가장 빠르게 갈수 있는 방법은 무엇일까? 비행기일까? 헬리콥터일까? 정답은 바로 좋은 동반자와 함께 가는 것이다.

그렇다면 교육시간이 지루하게 느껴지지 않으면서 교육의 효과를 높이는 지름길은 교육생의 마음을 사로잡는 것이다. 교육생의 마음을 사로잡기 위해서는 교육내용만으로는 역부족이리라. 교육생으로 하여금 닮고 싶은 강사의 이미지로 여겨질 때 집중도를 높일 수 있다. '열심히 들으면 나도 저 강사님처럼 될 수 있을 거야!' 라는 기대감이 바로 교육생의 동기부여 요소가 될 수 있다.

특히 다양한 불특정 다수 교육생을 대상으로 강의해야 하는 산업 강사들에게는 첫 인상이 교육성패의 열쇠라 해도 과언이 아니다.

첫인상은 누구도 두 번 줄 수 없다. 그러나 첫인상의 위력은 막강하다. 첫인상에서 상대의 이미지가 어떤 식으로든 인식이 되면 계속해서 강력한 영향력을 행사하게 된다. 그리고, 이후의 관계형성이 어떻게 진행될 것인가 하는 것의 열쇠가 되기도 한다. 사실 더 충분한 시간에 상대를 파악하는 것이 보다 합리적이지만 현대인들은 그렇게 인내심이 많지 않다.

첫인상이 중요한 이유를 심리학적으로 알아보면 우선 '일관성 오류' 라는 이론이다. 이 이론에 의하면 사람들은 한번 판단을 내리면 상황이 달라져도 그 판단을 지속하려는 욕구를 가지고 있다.

또 다른 이론은 '인지적 구두쇠 이론' 이다. 인상형성에서 사람들은 상대를 판단할 때 가능하면 노력을 덜 들이면서 결론에 이르려고 하는 이론이다.

첫인상에서 좋은 이미지를 준다면 그것이 계속 이후에 긍정적인 역할을 하겠지만, 반대로 나쁜 첫인상을 준다면 이후에도 새로운 모습을 보여준다 해도 계속해서 부정적인 쪽으로 연관시켜서 생각하게 될 것이다.

그러면 강사의 첫 인상을 어떻게 연출해서 교육생으로부터 우리가 원하는 관계를 이끌어 낼 것인지에 대해 알아보자.

높은 자존감을 지녀라.

자존감이란 '자신에 대한 평가로서 개인 스스로가 자신의 능력, 중요성, 성공 가능성, 그리고 가치에 대해 믿는 정도'를 의미한다.

타인에게 좋은 이미지를 주기 위해서는 우선 사람들은 자기 자신을 긍정적으로 평가하고 자신에 대해 호의적인 감정을 가질 필요가 있다. 그 이유는 사람들은 자신의 방식대로 다른 사람들이 자신을 봐주기를 바라는 경향이 있기 때문이다.

그래서 자존감이 높은 사람이 낮은 사람보다 다른 사람에게 잘 보이려는 욕구가 더 강하기 때문에 타인에게 긍정적인 자기표현을 하려는 동기를 더 많이 갖게 된다. 그러므로 이미지메이킹을 위해서는 먼저 자신에 대한 이미지를 어떻게 갖고 있는지 스스로 점검할 필요가 있다.

- **습관 리스트를 작성하라.**

당황할 때, 웃을 때, 부끄러울 때 등 다양한 상황에서 일어나는 습관적인 행동리스트를 작성하라. 이렇게 하면 언어습관, 다리떨기, 눈 깜빡이기, 머리 긁적이기 등 이전에 생각지도 않던 습관적인 행동들을 찾을 수 있을 것이다. 이때 가능하면 주변 사람들의 도움을 받는 것이 좋다. 워낙 자동화된 습관은 자신도 잘 모를 수 있으니까.

- **표현하라.**

우리가 원하든 원하지 않던 지금은 이미지 경쟁시대다.

교육생의 입장에서도 외모 이미지가 호감 가는 사람에게 교육을 받게 되면 훨씬 더 집중도와 동기부여가 높아짐을 명심하자.

아침에 일어나서 충분한 시간을 갖고 외모를 가꾸기 위해 노력하자. 물론 그것은 충분한 휴식에서 시작되어야 한다. 그래야 좋은 혈색을 갖게 되고 건강하고 밝은 혈색이 되기 때문이다. 허둥지둥 오늘 입을 옷과 구두 액세서리를 고르는 아마추어의 모습을 탈피하고 하루 전 날 내일 나에게 교육받을 업체와 교육대상의 특징, 그리고 교육장소에 따라서 미리 이미지 연출을 준비하라.

연수원에서 교육진행이 되는 경우는 무채색의 보수적인 옷차림이 무리가 없고, 리프레쉬 개념으로 진행되는 세미나나 워크숍에서는 화사하고 경쾌한 옷차림이 효과적이다. 아울러 극장식으로 된 무대에서 강의를 하게 되는 경우는 전체조명이 어두운 경우가 많으므로 밝은 색상의 의상으로 밝은 이미지 연출이 교육생의 집중도를 높인다는 것을 기억하자. 남성의 경우에는 넥타이를 레드 계열이나 핑크톤 또는 엘로우 계열로 무늬가 요란하지 않은 것으로 선택하라.

• 강사의 얼굴이 강의 내용을 말해준다.

'거울은 절대 먼저 웃지 않는다' 는 사실을 명심하자.

마찬가지로 교육생은 절대 강사에게 먼저 웃지 않음을 명심하자. 강사의 표정은 강력한 경쟁력이다. 교육생은 강사의 얼굴표정에 민감하다. 얼굴 표정에서 그 사람의 현재 상태를 다 읽을 수 있기 때문이다. 현재 문제가 있는 사람들은 표정이 어둡거나 잘 웃지 않는다.

자신감이 없는 사람 역시 처음 만나는 사람을 보면 잘 웃지 않는다. 내향적인 사람들은 웃을 때 얼굴 근육을 많이 사용하지 않는다. 그래서 웃고 있어도 밝고 환한 표정으로 보이지 않는다. 눈이 마주치면 가장 편안하고 친근한 미소로 웃어라. 미소는 강력하고 긍정적인 에너지를 상대에게 전하게 된다. 그래서 한결 내가 원하는 대로 상대의 도움을 끌어내기 쉽게 만든다. 강사의 밝은 표정은 강의 내용보다 많은 말을 한다.

• 시선을 맞추고 눈으로 대화하라.

시선을 맞추는 행동은 당신이 상대방에게 진심으로 집중하고 있다는 것을 말해 주는 것이다. 교육을 하는 강사들은 대개 호응을 해주는 교육생만 계속해서 바라보게 되는 경향이 있다. 이유는? 무대 위에 홀로 남겨진 강사의 절대적인 응원자라고 느껴지니까! 하지만 더 많은 교육생의 응원을 받고자 한다면 노력해라!

더 폭넓게 시선을 맞추고 눈으로 대화해라. 교육을 하면서 몇 초 동안이라도 많은 교육생의 눈을 정면으로 바라보고 따뜻하고 관심어린 시선을 통해 감정교류를 해라. 그러면 교육생의 상체가 강사 쪽으로 조금 더 기울어질 것이다. 뭐니뭐니 해도 교육생과 함께 호흡할 수 있는 이 시대 최고의 명강사는 교육생을 진심으로 사랑하는 마음을 지닌 강사일 것이다.

시선으로 그 마음을 제대로 표현해 보자!

이상 5가지의 노력을 통해 얻어진 새로운 강사의 이미지로 강의했을 때 달라진 교육생의 반응을 상상하라. 세상은 보는 대로 존재한다. 새로 산 넥타이를 매고 간 날은 다른 사람의 넥타이만 보이고 머리스타일을 새로 바꾼 날은 다른 사람의 머리스타일만 보인다. 어디 그 뿐인가? 조화도 그것이 가짜인줄 알기 전까지는 진짜 꽃이다.

자신의 강의에 환호하며 박수치는 교육생의 모습을 상상하면서 자신 있고 긍정적인 이미지트레이닝으로 교육생의 마음을 사로잡아보자!

박영실원장의 생생인터뷰

• 평생 따라다니는 꼬리표 졸업사진 이미지메이킹

첫째, (졸업) 사진을 볼 때 한 눈에 가장 먼저 들어오는 것은 어떤 것입니까?

뭐니 뭐니 해도 표정이지요. 또렷한 눈망울에 입꼬리가 살짝 올라가서 밝고 경쾌한 느낌을 주는 표정은 자신감도 있어 보인답니다. 거기에 좌우대칭이 잘 된다면 금상첨화이죠. 가장 이상적인 졸업사진을 꼽으라면 요즘 인터넷상에서 자주 보게 되는 서울대에 다니는 김태희 씨의 중학교(혹은 고등학교) 졸업사진 이에요.^^

둘째, 선호하는 메이크업 vs 이것만은 하지 마라 메이크업

좋은 메이크업이란 자신의 피부색과 얼굴의 장점을 자연스럽게 표현하는 메이크업인데요. 눈썹색은 헤어색과 (약간 진하거나) 비슷한 톤으로 하되 눈썹 앞머리가 막혀 있지 않고 자연스럽게 열려(그러데이션)있는 표현이 좋습니다. 물론, 눈썹의 끝은 눈썹 앞머리보다 높이가 내려지면 안 되고, 비슷해야 균형이 맞는답니다. 그리고 눈썹의 숱이 어느 정도 있는 편이라면 눈썹에 자연스럽게 투명 마스카라로 결만 살려주는 것도 좋고요. 입술은 자연스러운 색으로 바르되 사진이기 때문에 평상시보다는 입술라인을 선명하게 그려주는 것이 깔끔해 보인답니다.

좋지 않은 메이크업은 좌우대칭이 안 되는 메이크업과 눈 화장과 입술화장을 진하게 하고 속눈썹을 어색하게 붙여서 부자연스러운 메이크업이 된답니다.

셋째, 선호하는 헤어스타일 vs 절대 하지 말아야 할 헤어스타일

졸업사진을 취업원서에 사용하는 경우가 많은 만큼, 깔끔하고 정돈된 헤어스타일이 좋은데요. 많은 사람들이 선호하는 헤어스타일은 기본적으로 이마의 3분의 2가 보이고, 귀가 시원하게 보이는 스타일이 좋습니다. 특히 서비스업에 종사하고자 하는 분이라면 이마와 귀는 항상 오픈하는 헤어스타일에 익숙해지는 것이 도움이 된답니다. 서비스업 종사자들은 거의 이마

와 귀를 오픈하게 되어 있거든요. 뿐만 아니라 이마와 귀를 너무 꼭꼭 가리면 많은 사람들이 혹시 흉터가 있나 하고 오해를 할지도 모릅니다. 억울한 일이지요?

그리고 머리 길이는 아래턱 기준으로 그보다 짧으면 단발스타일로 하시고 그보다 길다면 뒤쪽 아래로 깔끔하게 하나로 묶어 주는 것이 좋아 보인답니다.

좋지 않은 헤어스타일은 앞이마를 너무 많이 가린 머리와 지나친 염색머리, 그리고 반묶음머리, 헤어핀이나 머리띠를 사용한 머리스타일은 좋지 않습니다.

웨이브와 생머리 중 일반적으로 더 선호하는 머리는 생머리입니다만, 얼굴에 살이 없어서 빈약해 보인다면 풍부한 웨이브가 더 좋습니다. 때문에 가장 중요한 것은 자신의 이미지에 어울리는 헤어스타일이지요.

넷째, 어떤 옷을 입고 어떤 액세서리를 해야 할까요?

졸업사진은 공식적인 사진인 만큼 정장 착용이 좋습니다. 칼라(라펠이라고도 함)가 있는 재킷이 가장 좋고요. 목걸이는 눈에 띄지 않는 작은 것으로 하고, 귀걸이는 달랑거리지 않는 것으로 귓불을 살짝 덮는 부착용 귀걸이가 좋습니다. 레이스 장식이 지나치게 많은 옷은 좋지 않으며, 스포츠 의류는 신중하지 못한 이미지를 줄 수 있으니 주의하기 바라구요. 컬러풀하고 큼지막한 액세서리는 단정하지 못한 이미지를 줄 수 있으니 유의해 주세요.

1. 예쁜데 메이크업이나 헤어스타일이 화려한 경우 vs 수수하고 평범(별로 안 이쁜데)한데 성실하고 지적으로 보이는 경우, 어느 케이스가 유리한

가요? (즉, 좀 세 보이더라도 본인이 가장 예뻐 보이는 스타일을 연출하는 것이 유리한지, 아님 외모가 좀 떨어져 보이더라도 내추럴하고 지적으로 보이는 스타일을 연출하는 것이 나은지 궁금하다는 질문이 많았습니다)

양자택일을 꼭 해야 한다면, 저는 후자입니다. 자연스럽고 지적으로 보이는 것만큼 다수의 사람에게 신뢰를 줄 수 있는 이미지는 별로 없으니까요. 세월이 흐른 후에 졸업사진을 통해 당시 나의 이미지를 추억하기 마련이므로 본인의 이미지가 가장 잘 표현되는 이미지 연출이 좋답니다. 졸업사진을 찍기 위해 생전 처음 미용실에서 미스코리아 머리에, 속눈썹에, 짙은 입술화장을 한다면 물론 자기만족은 있을는지 모르겠지만, 자신이 아닌 자신으로 느껴질 겁니다. 그렇다고 너무 평상시 모습으로 연출하는 것도 좀 뭔가 억울(^^)한 거 같죠?

그렇다면 이렇게 한 번 해보세요. 평상시와 크게 다르지 않지만 자신감 있고 경쾌한 표정연출로 자신감과 당당함을 한껏 표현해 보세요.^^ 자! 거울 앞에서 지금부터 스타트! ^^

2. 사진 속에서 웃을 때 어느 정도로 웃어야 하나요?

치아가 보일 정도로 밝게 웃는다, 혹은 입꼬리만 올라갈 정도로 웃는다.

일본의 치과의사 마츠오도오르 박사에 의하면 사람의 얼굴에는 80여 개의 근육이 있는데, 한 번 웃을 때마다 움직이는 근육은 63개라고 합니다. 가장 중요한 근육은 3가지인데요. 이 근육을 가장 잘 이완시킬 수 있는 단어가 바로 '위스키!' 랍니다.

위 – 입꼬리를 가운데로 모아주면서 대협골근이 이완되고,

스 – 입꼬리를 귀 옆으로 당기면서 소근이 당겨지고,

키 – 입꼬리를 최대한 벌리면서 입둘레근이 발달된다고 하네요.

이런 발음 연습으로 윗치아가 (입의 크기에 따라 다르지만) 대략 8개에서 10개 정도 보이는 미소가 가장 좋습니다. ^^

3. 사진과 실물이 심하게 다를 경우, 면접에서 불리한가요?

실물이 좋은 이미지가 아니어서 포토샵으로 또 다른 나를(?) 만들어서 1차 서류전형에 떡하니 ~ 합격을 했는데, 2차 면접에서 면접관에게 당황스러움을 안겨줬다면? 당연히 제가 면접관이라 할지라도 좋은 점수를 줄 수는 없을 것 같네요. 자신의 사진으로 얼굴을 바꾸기 전에 자신의 내면적인 실력을 더 키워주세요. 자신의 있는 그대로 모습 속에서 우러나는 당당한 표정의 이미지에 신뢰를 느껴서 러브콜을 하는 것이 바로 당신의 잠재력을 키워 줄 회사가 아닐까요?

4. 전신 졸업사진을 찍을 때 포즈는 어떻게 하는 것이 좋은가요?

너무 정직한(?) 정면보다는 상체는 약간 측면으로 하되 얼굴은 정면을 보고, 약간 아래쪽에서 찍는 것이 다리를 길어보이게 하는 비법이구요……. 앉아서 찍을 때는 카메라 반대쪽으로 다리를 모아주되 발뒤꿈치는 살짝 보이지 않게 들어주세요. 다리가 한결 길어 보인답니다.

좋지 않은 포즈는 눈을 위로 치켜뜰 수밖에 없는 카메라가 위에서 내려찍

는 포즈와 다리를 용감하게 벌리고 찍는 포즈랍니다.

5. '앞머리가 일자면 안 되나요? 또 귀 뒤로 안 넘기면? 긴 머리를 풀면?' 등도 궁금합니다.

일자 앞머리는 너무 소녀스럽고 답답해 보여서 좋지 않습니다. 귀 뒤로 넘기지 않는 머리를 하면 귀에 흉터가 있나? 얼굴이 커서 콤플렉스가 있나? 하는 오해를 불러일으키기 마련이죠! 긴 머리를 풀어헤치면 덜 깔끔해 보이고 얼굴이 돋보이지 않습니다.

6. 여러 명이 찍을 땐 어디 있는 것이 유리한가요? 어떤 친구 옆에 있는 것이 좋을지… 그 밖에 단체사진 찍을 때 알아두면 좋은 것들도 알려주세요.^^

여러 명이 찍을 땐 가급적 중앙에 있으면 좋은 이유는 리더십이 있어 보여서 입니다. 어정쩡하게 서 있어야 하는 관계로 시선처리가 치켜뜨기 쉬운 뒷줄보다는 앞줄이 좋답니다.

전신 이미지가 자신 있다면 사진을 정면으로 볼 때 우측 가장자리도 좋습니다. 사람의 습성 중에 좌측보다는 우측에 시선이 고정되는 경우가 많거든요. 그리고 상대성의 원리가 있듯이 신체구조와 얼굴크기가 나를 돋보이게 하는 스타일을 가진 친구 옆에 있는 것이 더 유리하겠지요?

그리고 단체사진을 찍을 때 너무 눈에 띄는 포즈를 취하는 것은 지나친 느낌을 주어서 좋지 않고요. 단체사진인 만큼 함께 하는 친구들과 친하다는 느낌을 주는 제스처로 어깨동무, 팔짱끼기, 친구들 쪽으로 몸을 살짝 돌리기 등은 아주 좋습니다.

이미지 리모델링

‘리모델링’ 하면 으레 ‘집’을 떠올리지만, 그 말은 이미지를 변화시키는 데에도 사용된다. 즉, 이미지를 바꾸는 것이다.

그러면 성공적인 이미지 리모델링을 하기 위한 법칙을 알아보자.

첫째, 자신의 일에 대해 정확히 파악해야 한다. 내가 어떤 일을 하는지, 그 일을 통해 내가 타인에게 어떤 모습으로 비춰지고 싶은지를 정확하게 알아야 하는 것이다.

둘째, 벤치마킹을 해야 한다. 내가 비즈니스맨으로서 성공적인 이미지 리모델링을 하기 위해서는 평소에 흠모했던 모델의 이미지를 훔치고 또 훔쳐야 한다. 즉, 성공자를 모방하는 것이다. 그러다 보면 자연스럽게 나만의 스타일을 창조하는 순간이 올 것이다.

주부인 A씨는 주 3회의 운동을 통해 화려하게 변신을 시도하고 있는 중이다. 운동을 하면서 그녀는 점점 단단해진 몸매처럼 일상생활에 탄력이 붙었고, 전신 거울 앞에서 근육의 움직임에 집중하며 스스로를 돌아보기도 한다.

그렇게 운동을 통해 인생의 자신감과 너그러움을 얻은 그녀는 가벼운 러닝 등 유산소 운동 20분, 근력 운동 50분, 사이클 등 유산소 정리 운동 20분의 순서대로 운동 프로그램을 성실히 지켜 30 %에 육박하던 체지방률을 24

%대로 끌어내렸고 오랜 직장생활로 허약해진 허리근육을 강화시킬 수 있었다.

"운동을 마치면 얼굴에 탄력이 붙는 것 같아 기분이 상쾌해요. 그리고 먹는 것에도 신경을 써서 흰 쌀밥 대신 현미잡곡밥, 케이크 대신 삶은 고구마를 간식으로 먹지요. 운동을 시작하기 전에는 살림이 지루했는데 요즘에는 저녁식사를 준비하면서 저절로 콧노래를 부르기도 해요."

이처럼 이미지를 바람직하게 리모델링함으로써 삶의 의욕을 업그레이드시키는 것이 바로 이미지 리모델링의 포인트다.

그러면 인기 있는 사람들의 공통적인 이미지 매직노트를 살펴보자!

첫째, 프로의 이미지 모델을 머리속에 그린다.

둘째, 행복한 꿈만 꾸고 일부러라도 긍정적인 생각을 한다.

셋째, 상대가 나를 따라 웃을 수 있도록 미소로 상대를 감동시킨다.

넷째, 가장 미운 사람을 내 편으로 만든다. 그 사람을 바꾸려하지 말고 내가 조금씩 변화한다.

다섯째, 인사 잘 하는 사람으로 인식되도록 기분 좋게 인사하고 또 한다.

여섯째, 시간 약속은 정확히 지킨다.

일곱째, 성격만 좋은 사람보다는 함께 하고 싶은 사람이 된다.

여덟째, 서비스를 시계처럼 그리고 애인처럼 옆에 두고 사랑한다.

말은 간단하지만 이것을 실천하기란 결코 쉽지 않다. 어쩌면 그렇기 때문에 이것을 잘 지키는 사람을 만나면 상대방의 서비스에 매료되는 것인지도 모른다.

■ 업그레이드 파워서비스

일본의 치과의사 '마츠오 도오루'가 제창한 스마일 파워운동은 치아에 자신이 없어 웃지 않다 보니 점점 웃는 방법을 잊게 된 환자를 위해 만들어진 것이다. 사실 치아에 자신이 없으면 웃는 것이 뜸해지고 급기야 웃는 방법마저 잊게 될 수도 있다.

비록 지금은 우리나라 사람들이 금방이라도 화낼 준비를 하고 있는 사람 같다는 '불명예'를 안고 있지만, 영국인들 역시 그들의 특별한 얼굴표정 습관을 거론하거나 결심, 금욕, 감정조절에 대한 특성들을 언급할 때 과거에 나타났던 '굳게 다문 입술'을 언급하곤 한다.

실제로 영국인들은 윗입술이 경직되어 있다는 몇 가지 증거가 있다.

첫째는 그들이 말을 할 때 입을 움직이는 방식과 관계된 것이고, 둘째는 웃을 때나 미소를 지을 때의 습관과 관계된 것이다. 그리고 셋째는 그들의 웃음과 미소에 대한 태도의 유산에서 찾을 수 있다.

예를 들어, 16세기 경 영국왕실은 웃음에 대해 심한 혐오감을 갖는 분위기였기 때문에 웃음은 천박하고 경솔한 것으로 간주되어 가능한 한 피해야 할 태도로 여겨졌다. 미소 역시 적당히 품위를 유지하는 한 허용되었지만, 다양한 사회적 통제에 의해 제한되었다. 그렇기 때문에 당시에는 침울한 표정을 짓는 것이 유행했는데 거의 무표정에 가까운 진지한 얼굴은 18세기까지 지속되었다.

그런데 아이러니컬하게도 16세기에 영국인을 웃음과 미소로부터 멀어지게 한 요인 중의 하나는 바로 나쁜 치아였다. 실제로 1598년에 엘리자베스 여왕의 궁전을 방문한 독일의 법률가 폴 헨츠너는 여왕의 이가 너무 검다는 것을 알게 되었다. 그것은 설탕을 너무 많이 먹었기 때문이라고 한다.

한때, 영국 여성들이 '그들은 모두 아름답고 피부가 곱지만 그 예쁜 얼굴에 활기를 불어넣어 줄 만한 것이 아무것도 없다' 라는 평가를 받았던 것처럼, 치아관리를 경시하여 미소를 잃고 살았던 과거의 영국인들 덕분에 오늘날에도 그들에게는 억제되고 꼭 다문 채 짓는 미소가 유산으로 남아 있었다.

물론 지금 우리가 해석하는 웃음의 의미와 그 당시의 웃음의 의미가 달랐던 것은 사실이다. 토머스 홉스에 따르면 '17세기의 웃음은 허약하고 병든 것' 으로 받아들여져 타인의 결점을 보고 우월감에서 나오는 냉소로 해석되었다고 한다.

그러므로 우리나라 사람들이 특히 웃음에 인색하고 경직되어 있다는 생각은 편견에 지나지 않는다. 그러한 판단은 시대의 흐름에 따라 혹은 정서에 따라 문화의 흐름을 읽어낸 후에 내려야 하는 것이다.

우리나라의 유교사상, 선비사상 등으로 인해 정서상 웃음이 그리 긍정적인 것으로 받아들여지지 못했고 또한 시대적 흐름이 기분 좋게 웃을 만한 상황이 아니었다는 점을 이해한다면, 웃는 문화가 다소 뒤쳐졌다고 해서 고개 숙일 필요는 없다. 더군다나 도산 안창호 선생은 '아이의 빙그레한 웃음과 젊은이의 빙그레한 웃음, 노인들의 빙그레한 웃음이야말로 최고의 웃음' 이라며 자신의 거처에 '빙그레, 빙그레' 라는 푯말을 걸고 미소 운동을 펼쳤다는 얘기도 전해져 내려오고 있지 않은가!

4. 서비스의 마무리는 말끝자락

부정적인 말의 힘

어떤 조직이든지 대화하다 보면 슬며시 대화를 중단하고 싶게 만드는 묘한 매력(?)이 있는 사람들이 있다.

서비스 강사가 되겠다는 꿈을 갖고 필자 사무실에서 약 3개월 정도 서비스강사양성 과정을 이수한 K라는 남자교육생이 그 매력(?)의 소유자였다. 같은 기수 교육생들이 대부분 여자였던지라 좀 뻘쭘할 법도 한데, 제법 잘 어울려서 융화력이 뛰어나다는 첫인상을 주었다. 그런데 시간이 흐를수록 그 K라는 남자교육생의 독특한 부정화법 때문에, 다른 교육생들의 마음에 조금씩 상처를 주면서 대화의 대상에서 서서히 제외되고 있었음을 쉽게 느낄 수 있었다. K라는 남자교육생은 자신을 유머러스한 이미지로 타인에게 비추어지길 원했기 때문에 내성적인 자신의 성격을 뛰어넘어서 열심히 노력 중이었다. 하지만, 유머의 선택이 다소 적절하지 못했었다.

유머도 종류가 많은데 그 K교육생이 자주 활용했던 유머는 상대를 끌어내리는 부정화법을 이용한 것이 많았던 것이다. 정말 유머가 뛰어난 사람이

했다면, 한바탕 웃어버릴 수 있는 유머였지만, 그 K교육생의 유머느낌은 유머가 아니라 자신의 진실을 이야기하는 듯한 느낌이었기에 주변사람을 당혹스럽게 만들었던 것이다.

예를 들어 L이라는 여성동기생이 새 옷을 입고 와서 다들 '이미지 변신'이다, "이렇게 잘 어울리는 옷을 왜 이제야 입고 왔냐!" 등 저마다 칭찬을 하고 있는데 K교육생이 진지한 표정으로 하는 말! "이 옷 어디서 구입했어요?" 이 질문에 L교육생이 이야기를 하려는 찰나! K교육생이 진지한 표정으로 하는 한마디! "참! 싸고 좋은 옷을 샀네요!" 이 말을 듣고 전체 분위기가 썰렁~해짐은 물론이다. 유쾌한 표정과 경쾌한 음성으로 좀 스피드하게 이야기를 했더라면, 참 신선한 유머였을 수 있었으련만, 너무도 진지하게 옷을 하나하나 찬찬히 훑어보며 천천히 이야기하는 그 느낌이란……. 나중에 안 일이었지만, L교육생이 무척 마음의 상처를 입었단다. 그도 그럴 것이 L교육생의 마음이 참 여릴 뿐더러 설상가상으로 그 옷이 실제 아주 많이 저렴한 가격으로 구입한 길거리표였던지라 L교육생의 마음은 심하게 상처를 받은 것이었다.

이 경험을 통해서 K교육생이 느낀 교훈 하나! 자신처럼 유머를 배우는 단계에 있는 사람들은 유머사용 선택에 있어서 가급적 긍정적이고 누구에게나 사용가능한 것을 선택해야 한다는 것과, 유머를 할 때는 내용보다 더 중요한 것이 유머를 하는 사람의 전체적인 경쾌한 느낌이 동반되어야 한다는 사실이다. 참, 맞는 말이다.

한참 전에 있었던 이 경험을 토대로 성숙된 자신만의 멋진 유머감각을 서비스강사에 접목해서 지금은 여러 곳에서 활발하게 서비스 강사활동을 하고 있는 K강사가 새삼 자랑스럽다.

사람들과의 대화에는 성공과 실패의 개념이 존재하지 않는다. 다만 대화를 통해 상대와 다시 이야기하고 싶은지 아니면 금방이라도 중단하고 싶은지에 대한 느낌이 들 뿐이다.

적어도 상대방에 대해 배려할 줄 아는 사람은 은어나 특정 단체만이 알아들을 수 있는 언어를 절제하고 보편적이고 평이한 용어를 골라 사용할 줄 안다. 이러한 배려가 없는 사람은 언젠가 '왕따' 신세를 면하지 못할 것이다.

부정적인 말은 먼저, 긍정적인 말은 나중에

대부분의 사람들은 원하는 것을 먼저 말하고 원치 않는 것을 나중에 말한다. 예를 들면 "차문의 손잡이를 오른쪽으로 돌려. 하지만 흔들거나 당기지는 마."라는 식이다. 하지만 부정적인 내용이 뒤에 오면 그것이 더욱더 강하게 기억되며 우리의 정신은 해야 할 일보다 하지 말아야 할 일에 더 초점을 맞추게 된다.

한 예로 조지 부시 대통령(미국의 41대 대통령, 재임 1989~1992)은 재임 중에 성과를 먼저 말하고 나중에 이루지 못한 일을 이야기했다고 하며, 로스 페로는 잘못된 것을 먼저 말하고 긍정적인 것을 뒤에 말했다고 한다.

부정적인 말을 먼저 하고 긍정적인 이야기를 나중에 하라. 먼저 당신이 원하지 않는 것을 이야기하고 나서 원하는 것을 이야기하라. 그리고 부정적인 말 위에는 반드시 긍정적인 말을 덮어씌워야 한다.

이것은 쉬울 것 같으면서도 어려운 테크닉으로 하루아침에 이루어지는 것이 아니므로 너무 서두르지 않는 것이 좋다. 설사 더디더라도 꾸준히 노력해 보라. 어떤 일이든 처음의 한 발짝부터 시작된다.

혹시 네티즌들 사이에 유행하던 '5-3-2' 라는 말을 알고 있는가.

이것은 '어떤 오(5)해라도 세(3) 번 생각하면 이(2)해할 수 있다' 라는 것을 의미한다. 화가 나는 일이 있더라도 조금만 참아보라. 그리고 세 번만 생각해 보라. 그러면 상대방을 이해할 수 있을지도 모른다.

말로 베인 상처는 치유하기가 무척 어렵다. 그러므로 말하기 전에 상대의 입장에 서서 한 번만 더 생각해 보라. 그러면 내게 오려던 '비난의 화살'이 나를 피해갈 것이다.

이처럼 상대를 배려하면서 대화에 살짝 양념을 더한다면 최상의 맛이 나오게 된다. 여기서 말하는 양념이란 상황에 맞는 유머와 센스로 이것이 더해진다면 상대의 마음은 이미 내 앞자락까지 와 있을 것이다.

유머는 우리의 일상을 즐겁게 만들어주는 청량제다. 그러므로 TV를 보거나 라디오를 듣다가 혹은 인터넷을 서핑 하던 중 나에게 시원함과 즐거움을 준 유머가 있다면, 그냥 웃고 지나갈 것이 아니라 마음에 선명하게 흔적을 남겨라. 그저 혼자서만 웃고 넘어간다면 당신은 평범한 사람이다. 당신이 웃었던 그 느낌을 누군가에게 전달하고 싶고 그래서 그 유머를 기억하려 애쓴다면 당신은 '서비스맨' 으로서의 기본적인 자격을 갖춘 셈이다.

'아니오' 라고 부드럽게 말하는 7가지 방법

1. 생각할 시간을 좀 주시겠어요?

그 자리에서 분명하게 거절해야 할 일이라도 한 시간 정도 생각해 본(다는 느낌을 준) 다음 분명하게 거절하는 편이 상대의 자존심을 덜 상하게 방법

2. 정말 좋은 제안인데 안타깝습니다.

상대방의 제안을 일단 인정한 다음, 다른 일 때문에 바빠서 함께 할 수 없다고 말한다. 다른 일이 어떤 일인지는 굳이 설명하지 않아도 됨.

3. 괜찮습니다. 고맙습니다.

상대방의 호의에 '아니요. 됐어요.' 라고 이야기하는 것이 상대의 반감을 덜 사는 방법임.

4. 괜찮습니다. 관심분야가 아닙니다.

휴대폰에 부동산 투자관련 전화를 요즘 들어 필자 또한 자주 받게 되는데, 여러분은 짧게 끝내고 싶은 이런 전화응대를 어떻게 하는가? '아니요. 됐어요.' 라고 퉁명스레 받고 툭 끊지 않는가? 알고 보면 그 전화업무를 하는 사람도 우리 이모, 고모일 수 있다. 가급적이면 단호하지만 정중하게 거절하라.

감성 바이러스를 전파하라

말은 그 사람의 인격을 대변해 주고, 그 사람의 문화를 짐작하게 해준다.

그리고 대화를 하기 전에 그 사람에 대한 편견을 깨고 시작하는 것이 신나는 대화를 할 수 있는 첩경이다. 자! 그럼! 충청도 사람들의 말이 너무 느리다는 편견을 깨뜨리고 시작해 보자.

• 사례 1

표준어 : 잠시 실례합니다.

경상도 : 좀 내좀 보소.

전라도 : 아따 잠깐만 보더라고.

충청도 : 좀 봐유. (충청도 말이 이렇게 짧다니?)

• 사례 2

표준어 : 괜찮습니다.

경상도 : 아니라예.

전라도 : 되써라

충청도 : 됐슈(충청도 말이 느리다는 것은 편견!)

즐거운 느낌을 타인에게 감염시켜라.

서비스를 감염시키는 기쁨을 한 번이라도 느껴본 사람이라면 그 맛을 결코 잊지 못할 것이다. '웃음'과 '유머'는 과거뿐만 아니라 현대사회에서도 대인관계의 중요한 기술로 활용된다.

주변에서 닮고 싶은 유머러스한 사람을 찾아 그의 언어, 표정, 몸짓 등을 흉내내며 외향적인 성격으로 변했다는 사람들도 많이 있다. 물론 성격을 완전히 바꾸는 것은 어려운 일이지만 웃을 수 있는 환경을 지속적으로 만들어내면 자기 안에 있는 외향적 성격을 밖으로 끌어낼 수 있다.

필자는 강의를 시작하기 전에 교육생들의 마음의 빗장을 여는 데 유머를 자주 활용하는 편이다. 예를 들어 보겠다.

• 사례 1

필자: 여러분! 제가 오늘 이곳에 오는 길에서 십만 원짜리 수표하고 만 원
　　　짜리를 발견했는데요. 여러분이라면 무엇을 주우셨겠습니까?

교육생: (대부분 이렇게 대답한다) 당연히 십만 원짜리죠...

필자: 저는 십만 원짜리와 만 원짜리 모두 다 주웠습니다.^^

교육생: (전체) 웃음바다~

교육 중에 집중도가 다소 낮은 교육생을 대상으로 하는 사례를 하나 또 소개한다.

• 사례 2

필자: 파란색셔츠가 잘 어울리는 맨 뒷줄에 계신 분 성함이 어떻게 되시
　　　나요?

교육생: 장동건인데요.(라고 대답하면 필자는 즉시)

필자: 네! 정답입니다!(박수를 치며······.)

교육생: (전체) 웃음바다~

등을 사용하곤 하는데 교육집중에 꽤 효과가 좋다.

어떤 유머강사는 다양한 물건이 진열된 편의점에서 아이디어를 찾는다고 한다. 예를 들면 편의점에서 '컨디션', '위력', '땡큐' 라는 이름의 드링크류를 강의 소품으로 활용하는 것이다.

"여러분의 '컨디션' 은 제가 책임지겠습니다. 제발 여러분의 탁월한 '위력' 을 보여주세요. 그러면 진심으로 '땡큐' 입니다."

그리고 각각의 단어가 나올 때마다 탁자 밑에 숨겨둔 드링크를 꺼내 보이면 사람들은 한바탕 웃음을 터뜨리고 딱딱하던 분위기가 일순간 반전이 된다. 그는 자신의 화법을 알려주며 이렇게 강조한다.

"원하는 성격으로 변신하려면 에너지가 있어야 하는데 그 중에서 으뜸이 즐거움입니다. 그리고 남을 웃기려면 일단 '나는 즐거운 사람' 이라는 정체성을 확립하는 것이 중요하므로 주변 사람과 사물에 대해 늘 관심을 가지고 메모하는 습관을 갖는 것이 좋습니다."

그의 말을 한 마디로 요약하자면 유머나 상대방을 즐겁게 해주는 것은 후천적인 노력에 의해 가능하다는 것이다.

서비스의 마무리인 말끝자락으로 타인을 기분 좋게 감염시킨 당신은 감성 바이러스 보균자다. 당신의 주변 사람 중에서 솔직하기로 유명한 사람에게 한 번 진단을 받아보라.

■ 업그레이드 파워서비스

케네디 집안을 미국 최고의 명문가로 키운 사업가 조셉 케네디도 뛰어난
유머감각의 소유자였다고 한다. 언젠가 그는 '다른 기업가들과 협상을 할
때, 언제나 냉정을 유지할 수 있었던 비결이 무엇이냐?' 는 질문에 이렇게 대
답했다.

"상대방이 빨간 내의를 입고 있다고 상상하면서 이야기했지."

다시 말해 빨간 내의를 입은 촌사람이니 조금도 겁먹을 필요가 없다는 자
세로 침착하게 대화에 임했던 것이다.

· 이미지 트레이닝

당신의 이미지 트레이닝을 위해 다음을 실천해 보라.

① 거울 앞에 선다.

② 거울 속의 사람에게 호감이 느껴지도록 활짝 웃어본다.

③ 거울에 보이는 사람의 이름을 부르며 유쾌하게 인사한다.

④ 거울 속의 사람에게 기분 좋은 칭찬 한 마디를 건넨다.

"박영실 씨, 오늘 하늘색 스카프가 남청색 정장하고 참 잘 어울리네요!"

"박영실 씨를 보면 기분이 아주 좋아져요."

"오늘도 박영실 씨만큼이나 화사한 하루 되세요!"

한 마디로 말해 상쾌한 하루를 열 수 있도록 스스로에게 기분 좋은 최면

을 걸어보는 것이다. 완벽하게 최면에 빠질 수 없다면 평소에 좋아했던 음악 테이프를 미리 준비했다가 거울 앞에서 최면을 걸 때 틀어놓는 것도 좋다.

설사 바쁜 아침일지라도 이 정도의 준비와 정성을 기울여야만 당신이 원하는 대로 이미지를 업그레이드시킬 수 있을 것이다.

혹시 자신을 더 멋지고 더 아름답게 보이도록 하기 위해 그 비싸고 어려운 성형수술실의 문은 쉽게 노크하면서 이 정도의 노력을 어렵다고 생각하는 것은 아닌가? 자신의 몸매를 더 곡선 있게 혹은 더 단단하게 하기 위해 헬스클럽이나 스포츠센터에 많은 시간과 돈을 투자하면서 이 정도의 노력이 어려운가?

그처럼 외적 이미지 향상에는 금쪽같은 시간과 돈을 아낌없이 퍼부으면서 하루를 유쾌하게 해줄 내적 이미지 향상을 위해 아침의 3분과 음악 테이프를 준비하는 것이 그토록 어려운 일인가.

마음이 없으면 길도 없다. 그리고 무엇보다 중요한 것은 자신이 자신에게 느끼는 이미지 만족이다. 이제부터는 거울을 볼 때 관심의 초점을 약간 바꿔보라. '코 옆에 솟은 뾰루지를 어떻게 없애지?' 라는 생각보다 나의 미소를 어떻게 하면 더 밝게 표현할 수 있을까를 고민하라. 타인의 눈에는 당신의 뾰루지보다 미소가 먼저 보이기 때문이다.

• 표정은 답을 알고 있다

상대방의 표정을 보면 상대방의 마음을 읽을 수 있다. 표정은 상대방이 어떤 생각을 하고 있는지 그 '답' 을 알려주기 때문이다.

생활 속에서 부딪치는 많고 많은 사람들의 표정은 '또 다른 나' 다. 즉 상대방은 내 거울이다. 상대방의 표정이 밝지 못해 불만이라면 내 표정에 문제가 있음을 알아야 한다.

상대방의 불친절로 속이 상했다면 또 다른 나에게 그 기분을 전염시키지 말라. 상대방의 친절에 감동을 받았다면 또 다른 나에게 내가 느꼈던 행복 바이러스를 두 배로 전염시켜 보라. 그 바이러스는 공기 중에 퍼져나가고 언젠가는 또 다시 내가 호흡하게 될 것이다.

공기 중에 기분 좋은 행복을 뿌려주는 '행복 조율사' 가 되어 보라.

• 목소리 '짱' 되는 비법

'목소리가 참 좋으시네요!'

필자가 자주 듣는 칭찬인데, 기분 좋기는 하지만 사실 좀 더 욕심나는 칭찬은 '목소리도 참 좋으시네요!' 이다. '가' 와 '도' 의 차이! 종이 한 장 차이인데 참 느낌이 다르기에 필자는 상대를 칭찬할 경우 '가' 보다는 '도' 를 신경 써서 사용하는 편이다. 많은 사람이 그러하듯 필자 또한 목소리가 좋은 사람에게 상당히 호감을 느끼는 편인데, 얼마 전 남녀스타 음성분석을 통해서 '목소리 짱' 을 선발했다. 영화배우 이영애와 한석규가 스타들 중 가장 좋은 목소리를 지니고 있는 것으로 조사됐고, 이 같은 결과는 2005년 9월 7일 방송된 SBS '생방송 TV연예-스타들의 재발견' 에서 남녀 스타 최고의 목소리를 분석해 밝혀졌다. 이날 방송은 우리나라 최고의 남녀 스타 각각 10명의 목소리 샘플을 음성분석 했다. 그 결과 남자 스타 중 가장 좋은 목소리는 125 Hz(헤르츠)가 나온 한석규였다. 음성을 분석한 김형태 박사(이비인

후과 음성센터 전문가)는 방송에서 "한석규는 가장 남성적인 안정적이고 좋은 목소리를 가지고 있다."고 설명했다. 그런데 음성분석 결과와는 상관없이 필자가 선호하는 음성은 MBC 엄기영 앵커다. 발음이 명확하고 속도도 적당할 뿐 아니라 전체적으로 무게감이 있으면서도 비음(콧소리)이 전혀 나타나지 않고, 편안하며, 신뢰감이 가는 음성이기 때문이다. 한석규 씨의 음성은 필자 주관적으로 느끼기에 어미부분에서 비음(콧소리)이 많이 노출된다. 예를 들어서 한석규 씨가 하는 CF 대사 중에 "당신 같은 여자가 어디 있겠어."라고 할 때 '있겠어~' 부분에서 비음(콧소리)이 많이 느껴진다.

여자 스타로는 229 Hz가 나온 이영애가 좋은 목소리를 가진 것으로 나타났다. 김 박사는 의학적인 입장에서 보면 "이영애 씨의 읊조리는 듯한 목소리는 부드럽지만 강한 힘을 가지고 있다."고 한다. 그래서 '친절한 금자씨'에서 단아한 외모에서 나오는 카리스마 넘치는 목소리는 많은 관객들에게 색다른 느낌을 전달한 것 같다. 한편 이날 방송에서는 여성에 가장 호감을 주는 목소리로 가수 비, 남을 설득하거나 제안할 때 좋은 목소리는 김태희, 어린이 프로에서 아이에게 호감을 줄 수 있는 목소리로 노홍철을 꼽았다. 호감지수를 100배 올려주는 목소리의 효과적인 관리법에 안테나를 세워보자.

• 효과적인 목소리 관리법

목소리를 유지하기 위해서는 나름의 생활관리법도 필수. 특히 목을 피로하게 하는 습관 대신 목의 부담을 덜어주는 습관을 갖도록 노력할 필요가 있다.

1. 하루 6~10잔 이상의 물을 충분히 마신다. 수분을 충분히 공급하면 성대점막이 촉촉해져 쉽게 상처가 나는 것을 방지할 수 있다.

2. 술, 카페인 음료, 유제품은 No. 술, 카페인, 음료, 유제품은 체내에서 수분을 빼앗아 건조한 성대를 만드는 원인이 된다. 말을 많이 하거나 노래를 부르기 2~4시간 전에는 이들 음료를 피해야 한다.

3. 헛기침은 참도록. 큰 소리로 호탕하게 웃는다거나 헛기침도 목에 무리를 준다. 헛기침을 하게 되면 일시적으로 성대 점액이 빠져나가 목이 깔끔해지는 느낌이 든다. 하지만 곧 다른 점액이 그 자리를 메워 다시 헛기침을 하는 악순환이 반복될 뿐이다.

4. 시끄러운 환경에서는 말을 삼가하도록. 큰 목소리, 속삭이는 목소리는 모두 성대에 무리를 준다.

5. 말을 배우며 자연스럽게 터득하는 목소리 내기. 하지만 대부분은 귓가에 울리는 소리를 흉내내면서 시작된 것이다.

6. 당연히 모델로 삼은 목소리가 탁하고 나쁘다면 흉내낸 목소리 또한 좋을 수 없다. 자신의 음성모델 선택에 심혈을 기울이자.

왜 자기의 목소리를 찾아야 하나?

후두에 위치한 성대는 발성기관. 남성은 1초에 100~150회, 여성은 200~250회나 진동한다. 당연히 자신에게 안 맞는 목소리를 내며 이들 진동을 이용하게 되면 목에 무리가 가기 쉽다. 가수나 교사, 아나운서 등 목소리를 많이 내는 사람들에게 목소리 병이 많은 이유도 여기에 있다. 남자인데 여성의 고음이 나는 경우는 성대 근육이 과도하게 긴장된 상태에서 소리를 내보내기 때문이다. 또 진동을 받아 공명하는 성대 중 일부분만을 사용해 목소리를 내면 폴립이라는 성대에 굳은살이 생기에 된다. 기타 다른 목 질환과도 연관이 깊다. 때문에 건강을 위해서라도 꼭 자기 목소리를 내는 연습이 필요하다.

좋은 목소리를 위한 기본기 닦기

매력적이고 훌륭한 목소리를 내기 위해서는 무엇보다 기본기를 닦는 것이 필수다. 그 첫째는 목의 건강이다. 악기가 좋아야 소리가 좋은 것처럼 목이 건강해야 좋은 목소리를 낼 수 있다.

둘째는 목소리를 이루는 요소를 잘 파악하고, 그에 걸맞은 힘을 길러야 한다. 운동할 때를 생각해 보면 쉽게 이해할 수 있다. 몸을 안 움직여 근육이 붙어 있지 않은데 과도한 운동을 하게 되면 오히려 병을 얻는다. 자기 몸에 안 맞는 운동을 했을 때도 마찬가지다. 그래서 사람들은 기초 체력이라는 말로 기본기의 중요성을 이야기한다.

• 복식 호흡

목소리를 좋게 하기 위해선 후두를 진동시키는 에너지원인 산소의 공급이 충분해야 한다. 숨을 깊이 들이마시는 복식 호흡은 흉식 호흡보다 30 % 정도 많은 폐활량을 확보할 수 있다. 폐활량이 많으면 많을수록 폐에서 성대로 가해지는 공기의 압력이 높아져 성대가 힘들이지 않고 손쉽게 소리를 낼 수 있다. 소리는 들숨보다 날숨에 의해 만들어지므로, 복식 호흡시 가능하면 들숨보다 날숨을 길게 갖는 것이 좋다.

• 공명하기

소리가 입 밖으로 나오기 위해선 성대를 통해 후두의 진동이 공명하는 과정을 거치게 된다. 당연히 충분히 공명이 일어나면 일어날수록 좋은 목소리가 나온다. 이를 위해 평소 입술을 다문 채 '음~' '흠~' 등 공명음을 반복하는 습관을 들이도록 한다. 이 과정에서 자신에게 가장 편안하고 아름다운 목소리를 찾을 수 있다.

■ 업그레이드 파워서비스

칭찬을 받는 것은 즐거운 일이다. 하지만 받는 것보다 더 중요한 것은 그 칭찬을 토대로 더 큰 감성을 발휘하는 일이다. 칭찬을 들으면 그것을 통해 자신을 다시 한 번 비춰보는 관조의 시간을 갖도록 하라. 칭찬을 들을 때에는 보다 더 내실을 기해야 하는 것이다.

이제 기본적인 이미지 트레이닝이 마무리 되었다면 자신의 업무스타일에 대해 꼼꼼히 살펴보아야 한다. 당신은 과연 지식을 공유하는 사람의 대열에 서고자 노력하고 있는가? 지식을 공유하는 것도 서비스의 순환원리가 그대로 적용된다. 내가 가진 하나의 지식을 타인과 공유하면 나의 지식이 빠져나가는 것이 아니라 그것이 곱빼기로 되돌아온다는 사실을 기억하라.

　상사가 부하 직원에게 칭찬을 아끼지 않고 부하직원이 상사에게 의사표현만 분명하게 해도 직장 스트레스는 상당히 줄어든다. 칭찬 잘 하는 법과 자기주장을 제대로 펴는 법을 소개한다.

칭찬 잘 하는 법

① 나를 위해 칭찬하라. "칭찬하면 실적도 좋고 나도 스트레스를 덜 받는다."라고 생각한다.
② 구체적으로 칭찬하라. "보고서 잘 만들었어."보다 "보고서 구성이 아주 좋았어."라고 말한다.
③ 나무랄 때도 먼저 칭찬하라. "보고서가 이게 뭐야."보다 "괜찮은 데 구성이 미흡해."라고 한다.
④ 잘 하면 즉석에서 칭찬하고 못하면 따로 만나서 야단쳐라.
⑤ 상대의 눈을 보면서 칭찬이 진심이라는 사실을 전달하라.
⑥ 지난번보다 결과가 좋아졌으면 그 점을 특히 칭찬하라.
⑦ 외모에 대한 칭찬은 하지 마라. 듣는 사람에 따라 모욕으로 여길 수도 있다.

주장 제대로 펴는 법

① 무조건 "예" 하지 마라. 아니라고 판단되면 단호하게 "아니오."라고 말하라.
② 자신을 낮추면서 말하라. "부장님은 왜 그러느냐?"보다 "제가 보기에는……."이라고 말한다.
③ 주어를 가려 써라. 좋은 이야기는 "부장님이 잘했다"라고 하고 나쁜 이야기는 "제가 느꼈다"라고 하라.
④ 과제를 마감하지 못할 경우 미리 말해서 해법을 찾도록 하라.
⑤ 흥분했을 때는 차라리 아무 말도 하지 마라.
⑥ 항의할 때에는 상사의 행동을 평가하지 말고 객관적 사실만 전달하라.
⑦ 항의할 때에는 내 말이 진리인 것처럼 말하지 말고 자신의 입장이라는 점을 분명히 하라.

미모의 아름다움은 눈만을 즐겁게 하나, 친절한 태도는 영혼을 매료시킨다.

마음이 행복해지는 서비스 드림(Dream) 4

배우자에게 주는 감동이 세상을 감동시킨다 · 가족은 가장 가까운 고객
칭찬 파워로 가족간의 서비스 시너지를 극대화 하라 · 서비스 마인드에 의한 가정교육

1. 배우자에게 주는 감동이 세상을 감동시킨다.

'女와 男' 역할 고정관념을 깨라

동물의 세계에는 '72% 법칙'이란 게 있다고 한다. 새우, 게, 어류 등은 몸 최대 크기의 72%까지 자라면 성(性)이 바뀐다는 것이다.

영국 에든버러대학의 진화생물학자인 데이비드 엘솝 박사팀이 어류 등 하등 수중동물 121종을 조사했는데 조사대상 동물의 90% 이상에서 이 같은 현상을 발견했다고 「네이처」지에 발표했다.

그렇다면 사람은 어떨까? 사람도 여자와 남자가 바뀔 수가 있을까? 여자보다 더 여자 같은 연예인 '하리수' 처럼 요즘은 의료기술이 발달하여 남자를 여자로 만들 수도 있고, 여자를 남자로 만들 수도 있다.

그렇지만 동물과는 달리 아직은 외형을 바꾸는 수준일 뿐 아이를 낳거나 낳게 하는 일까지는 어려운 모양이다. 하지만 기술이 더욱 발전하면 가능하게 될 날이 올지도 모르겠다.

• 용감한 여자와 예쁜 남자

'누나 같은 아내'. 통계청 홈페이지(www.nso.go.kr)에 실려 있는 '재미있는 시사통계' 코너의 제목이다. 결혼하는 연령은 남성이 여성보다 세 살 정도 많은 것이 가장 좋다고 한다. 남자의 나이가 많아야 가정을 다스리는 데(?) 좋다는 가부장적인 사회풍조의 결과가 아닐까 여겨진다.

그런데 지금 이런 풍조에 변화가 일어나고 있다. 부부 중에 여성이 연상인 경우가 꾸준히 늘고 있다. 1990년의 8.8%에서 2002년에는 11.6%로 2.8% 정도 늘어났다.

재혼하는 남자가 처녀에게 장가를 들면 남자들은 "능력 있다"고 말하고, 여자들은 "늑대 같다"고 했다. 예전에는 그런 커플을 당연시했다. 그런데 지금은 거꾸로 재혼녀와 초혼남이 결혼하는 비율이 놀랄 만큼 늘어났다.

1972년과 2002년을 비교하여 보면 0.5%에서 5.6%로 무려 10배 이상 증가한 것이다. 이제는 재혼하는 여자들이 총각에게 시집을 가면 여자들은 "능력 있다"고 하고, 남자들은 "여우같다"며 부러운 시샘을 하는 시대가 된 것이다.

남자하면 영화 '터미네이터'에서 열연한 근육질의 할리우드 배우 '아놀드 슈워제네거'가 생각난다. 그는 몇 년 전 캘리포니아 주지사에 당선되어 세계의 이목을 집중시키기도 했다.

그리고 영화 속의 인물이 아닌 역사 속에 실존했던 인물 중에서 찾는다면 '항우'를 꼽는 데 주저하지 않을 것이다. 중국의 대표적 경극 '패왕별희'의 주인공이기도 한 항우의 이름 앞에는 항상 '역발산기개세(力拔山氣蓋世)'라는 수식어가 따라다닌다.

'힘이 산이라도 빼어 던질 만하고 세상을 덮을 정도로 기력이 웅대하다'는 뜻이다. 그렇지만 그가 "문자는 제 이름을 쓸 줄 알면 충분하다"라고 말했다는 기록이 『사기(史記)』에 있는 것을 보면 머리를 쓰는 데는 별로 관심이 없었던 것 같다.

• '뇌본사회'엔 근육보다 두뇌가…

이렇게 육체적인 힘이 많이 필요했던 지난 오랜 세기 동안에는 당연히 남자들이 힘의 우위를 바탕으로 사회의 주도권을 잡아갔다. 그러나 21세기는 육체적인 힘보다 정신적인 능력이 더 중요한 지식정보화 사회이다.

이제는 더 이상 근육의 힘을 가지고 사람의 능력을 평가하는 시대는 지난 것이다. 지식정보화 사회에는 근육의 힘이 아닌 두뇌의 힘이 필요하다. 이른바 두뇌가 부의 근본인 '뇌본사회'인 것이다.

이제는 더 이상 예전의 "여자가…" "사내가…" 하는 식의 이분법은 맞지 않는다. 오랜 시간 동안 양성이 역할 분담을 통해 조화를 이루면서 살아온 것처럼 새로운 시대에 맞는 역할 재정립이 필요한 때다.

남과 여를 떠나서 한 인격체로 배우자를 존중해 주는 사례를 보자.

로널드 레이건은 지난 1981년부터 89년까지 8년 동안 미국을 이끈 대통령으로 그는 일류대를 나온 것도 아니고 정치적 후광을 지닌 집안 출신도 아니다. 그렇다고 변호사나 성공한 기업가 출신은 더더욱 아니었다.

그는 일리노이주의 유레카대학이라는 지방 군소대학 출신이었고 라디오 스포츠캐스터의 경험이 전부인 할리우드의 2류 배우 출신이었다. 하지만 그는 캘리포니아의 주지사를 두 번씩이나 연임한 후, 마침내 1980년에 미합중국의 40대 대통령에 당선되었다. 그 후 8년 동안 대통령직을 수행하면서 월남전 패전 이후 좌절의 늪에 빠져있던 미국 사회에 새로운 희망과 도전, 그리고 비전을 제시했다는 평가를 받고 있다.

어떤 사람은 미국 사회가 지닌 지금의 저력은 레이건 시대에 준비되고 축적된 것이라고 말하기도 하는데, 그렇다면 2류 배우 출신인 레이건에게 무엇이 있었기에 그것이 가능했던 것일까?

낸시 레이건 여사가 펴낸 『아이러브유, 로니(I Love You, Ronnie)?』라는 책에는 지난 반세기 동안 로널드 레이건이 그의 아내 낸시 데이비스에게 보낸 편지와 카드, 전보 그리고 익살스런 메모들이 가득하다.

할리우드에서 처음 만나 데이트를 하던 시절부터 캘리포니아 주지사를 거쳐 미합중국의 대통령 자리에 오른 다음에도 변함없이 전해진 편지와 카드에는 8년 동안이나 미국을 이끌었던 한 사내가 아내에게 바치는 진솔한 마음이 그대로 녹아 있다.

아내란 한 남자에게 있어서 가장 가까운 존재다. 레이건은 그처럼 가장 가까이 있는 사람을 감동시키는 비상한 재주를 갖고 있었던 것이다. 레이건이 아내를 감동시키고 마음을 사로잡은 것은 비싼 다이아몬드나 화려한 옷 공세가 아니었다. 단지 아내에게 마음이 담긴 편지와 카드, 그리고 메모를 건넸을 뿐이었다.

그는 촬영 일정 때문에 혹은 선거 유세로 멀리 떨어져 있을 때는 물론이고 집에 있을 때나 집무실에 있으면서 심지어 대통령 전용기인 에어포스 원을 타고 가면서도 틈나는 대로 아내에게 글로 마음을 전했다고 한다. 덕분에 그는 아내로부터 전적인 신뢰와 협력을 이끌어 낼 수 있었다.

가장 가까이 있는 사람을 감동시키고 그로부터 전적인 신뢰와 협력을 이끌어냈던 레이건의 비상한 능력은 그가 미합중국의 대통령이 된 다음에도 유감없이 발휘되어 미국인들의 전폭적인 지지와 신뢰, 그리고 여야를 막론한 협력을 이끌어낼 수 있었다.

레이건의 성공비결은 바로 여기에 있었던 셈이다. 사실, 레이건은 첫 번째 부인과 이혼을 하였다. 아마도 그는 첫 번째 부인에게는 감동을 주지 못했던 것 같다. 그래서 그런지 그 당시의 레이건은 그렇고, 그런 한마디로 말해 2류 인생이었다. 하지만 그의 두 번째 부인인 낸시에게는 다른 행동을 보여주었다. 그는 아내를 감동시켰고 그 감동은 무한한 신뢰와 존경으로 그에게 되돌아왔다. 그것이 레이건 자신을 변화시켰다.

더 나아가 변화된 레이건은 강력한 신념으로 좌절과 침체의 분위기에 휩싸여 있던 미국인들에게 다가가 그들의 마음을 움직였고, 그로 인해 미합중국 전체가 새로운 도전 속에서 변화하도록 만들었다. 한마디로 감동의 나비효과였던 것이다.

미국의 기상학자 에드워드 로렌츠(Edward Lorenz)가 카오스 이론에 기초하여 "뉴욕 센트럴파크에서 나비가 날개짓을 하면 태평양 한가운데서 태풍이 만들어질 수 있다."고 말했던 그 나비효과(Butterfly Effect) 말이다.

세상을 움직이는 힘

가장 가까운 곳에서의 작은 감동은 끝없는 파장을 일으켜 먼 곳까지 감동의 물결을 자아낼 수 있다는 사실에 주목해야 한다.

우리는 누군가를 감동시키는 만큼 살아있다. 누군가를 감동시킬 수 없는 삶은 이미 죽은 것이나 다름없는 것이다. 마찬가지로 고객을 감동시킬 수 없는 회사는 살아남을 수 없다. 부하직원을 감동시킬 수 없고 상사는 껍데기일 뿐이다. 감동이 없는 시장은 삭막할 뿐만 아니라 가치를 잉태조차 하지 못한다.

회사는 감동을 운반해내는 CEO를 원한다.

국민은 감동을 자아내는 지도자를 원한다.

시장은 감동으로 충만한 상품을 원한다.

감동은 그저 눈물을 자아내게 만드는 신파극이 아니라 세상을 움직이는 힘이다. 그리고 그러한 감동은 먼 곳에서 시작되는 것이 아니다. 연못에 던져진 작은 돌 하나가 파문을 일으켜 보다 멀리 퍼져나가듯 감동 역시 가장 가까이 있는 사람, 가장 가까운 곳에서부터 먼 곳으로 퍼져나가기 마련이다. 그러므로 감동의 파장을 일으키고 싶다면, 먼저 가장 가까이 있는 사람부터 감동시켜라.

남편은 아내를 감동시켜라. 아내는 남편을 감동시켜라. 상사는 부하를 감동시키고 부하는 상사를 감동시켜라. 사장은 직원을 감동시키고 직원은 사장을 감동시켜라. 그런 남편, 아내, 상사, 부하, 사장과 직원이 있는 기업은 고객을 감동시킬 수 있고, 시장을 감동시킬 수 있다. 그리고 모두를 감동시킬 수 있다.

지금 당장 당신의 가장 가까운 사람을 떠올려라. 그리고 당신이 '그' 혹은 '그녀'를 단 한 번이라도 감동시켰는지 생각해 보라. 만약 당신이 상대방을 감동시켰다면 그것을 그대로 지속하라. 감동시키지 못했다면 이제라도 감동을 시켜라. 어떻게 해야 감동시킬 수 있는 것이냐고 묻지 말라. 당신이 '그' 혹은 '그녀'에게서 받고 싶었던 것을 지금 '그' 혹은 '그녀'에게 하라. 그것이 전부다.

부부 사이

어느 부부가 싸움을 했다. 아이들 과외 공부 관계로 소리가 커지고 끝내는 남편이 고집을 피웠다. 아내는 남편이 권위를 내세우고 자기를 무시하는 태도에 몹시 화가 났다. 아내는 항의하는 뜻으로 말을 하지 않기로 작정했다. 그때부터 아내는 남편의 말에 일절 대답을 하지 않았다.

"당신 정말 말 안 할 거야?" 아내는 대답이 없었다.

"나 회사 나가요." 그래도 아내는 말이 없었다.

남편은 자신이 잘못했다는 것을 알았지만 모른 체 했다. 저녁에 돌아와도 아내의 화는 풀리지 않았다.

"여보, 나 왔어요." 그래도 아내는 대답이 없었다.

"당신 아직도 화가 안 풀렸어요?"

남편이 실없이 웃어도 아내는 웃기는커녕 팩 토라지고 말았다. 남편은 방

남의 지난 날 잘못을 생각지 말라

아주 오랜 훗날에 당신이 내 이름마저 잊어
낯선 사람 바라보듯 나를 대하는 그런 날이 올지라도
그 보다 많은 날을 나를 기억하며 살았기에
당신을 원망하는 일은 없을 겁니다.

또 아주 오랜 후일에

내가 당신의 이름마저 기억하지 못하여

당신이 홀로 가슴 태우는 날이 올지라도
그보다 많은 날을 당신을 담아내며 살았기에
나를 나무라는 일은 없을 겁니다.
아주 오랜 후일에 뉘엿뉘엿
해 넘어 가듯 초라한 나 홀로 두고
당신이 먼저 떠나는 날이 올지라도
그 날까지 당신 한 사람 눈물겹도록 사랑했기에
가슴 아파하는 일은 없을 겁니다.

또 아주 오랜 후일에
하루하루 손목을 흔들며
내가 먼저 떠나야 하는 그런 날이 올지라도
그 날까지 나 한 사람 당신과 함께 했기에
나를 모질게 말하는 일은 없을 겁니다.

집안사람에게 잘못이 있거든
심하게 성내지 말고 동시에 너무 가볍게 버려두지도 말라.
그 일을 직접 말하기 어렵거든 다른 일을 빌어서 넌지시 일깨워주고

오늘 깨닫지 못하거든 내일을 기다려 다시 일깨워주되
봄바람이 언 땅을 녹이듯 온화한 기운이 얼음을 녹이듯 하라.
이것이 바로 가정을 다스리는 규범이다.

남의 작은 허물을 나무라지 말고
남의 개인적인 비밀을 들추어내지 말며
남의 지난날 잘못을 생각지 말라.

이 세 가지를 지키면 능히 덕을 기를 수 있고
또한 해악을 멀리할 수 있다.
뜻을 세우려면 남보다 한 걸음 높이 서라.
그렇지 않으면 마치 티끌 속에서 옷을 털고
진흙 속에서 발을 씻는 것과 같아 초탈할 수가 없다.

세상을 살아가는 데는 한 걸음 물러서라.
그렇지 않으면 마치 불나비가 촛불에 뛰어들고
숫양이 울타리에 부딪치는 것과 같아
안락함을 바랄 수가 없다.

- 채근담 중에서 -

안에 있는 책상 서랍을 열고 무엇인가 찾기 시작했다. 옷장 문을 열고는 또 계속 찾았다. 응접실로 가서도 진열장 서랍을 열고 또 찾았다.

"여기 있었는데 어디 갔지?"

남편은 온 집안을 돌아다니며 계속 무엇인가를 찾고 있었다.

"무엇을 찾는 거예요? 내게 말해야 찾아 주잖아요?"

아내가 짜증을 내며 말했다. 그때 남편이 말했다.

"어 찾았다."

아내가 궁금하여 물었다.

"무언데요?"

남편은 빙그레 웃으며 대답했다.

"당신의 목소리"

최고위과정 부부 특강에서 부부 사이의 칭찬에 대한 중요성에 대해 강의한 지 한 일주일쯤 지났을까?

모 은행 부행장님으로부터 전화가 걸려왔다.

"박원장님 때문에 저희 부부 큰일 났습니다. 허허."로부터 시작된 이야기의 내용인즉, 아내에게 칭찬을 하고 싶어서 찬찬히 찾아보았지만, 칭찬거리가 도저히 생각나지 않더란다. 그래서 일단 무턱대고

"당신! 좋아!"라고 했더니 "뭐가요?"라고 (당연히) 묻더란다.

그래서 별 생각 없이 "당신 김마담보다 피부가 고와!"라고 말했다니……. 아뿔싸! 결과야 불을 보듯 뻔한 일이 아니겠는가? 마음을 상쾌하게 하기는커녕 마음을 헤집어 놓았으니…….

물론, 농담을 섞어 하신 말이겠지만, 실제 칭찬의 테크닉을 잘 몰라서 칭찬의 참맛을 못 보는 부부가 많은 것이 사실이다.

교육에 참여했던 한 주부님은 필자 강의를 듣고 나서 집에 가서 남편에게 서로 부족한 점을 하나씩 나눠보자고 했단다. 남편은 주저하다 마지못해 "그러자!"고 했고, 곧 아내 입에서 남편의 단점이 봇물 터지듯이 흘러 나왔단다.

"당신은 연애할 때와 정말 많이 달라요. 배도 너무 많이 나오고, 세탁기에 양말 좀 뒤집어 넣지 말아요. 제가 일을 두 번 하게 만들잖아요. 그리고 말이 나왔으니 말인데, 치약도 왜 꼭 위에서부터 짜요? 맨 밑에서부터 짜면 나중에 편한데……."

단숨에 몇 가지의 단점이 주르륵~ 흘러나왔고, 드디어 남편의 차례가 되었단다. 그런데 남편은 손을 턱에 대고 아내의 얼굴을 보면서 한참 생각하는데 남편 입에서는 아무 말도 나오지 않고, 살며시 마디 굵은 손가락으로 부인 이마의 흘러내린 앞머리를 정리해 주며 "세월이 흘러 주름이 생겼지만, 주름이 당신의 미모를 가리지는 못하는구려." 라고 진지하게 이야기해 주더란다.

오늘날 많은 아내들이 기대하는 남편이 바로 이런 남편이 아닐까? 생각만 해도 가슴 설레는 장면이 아닐 수 없다.

남편도 아내의 잘못을 지적하려면 얼마나 많겠는가? 백화점 가서 세일이라고 필요도 없는 옷들을 사들이기, 가스불 켜놓고 외출하기, 휴대폰을 냉장고에 넣고 휴대폰 찾기, 무릎 튀어나온 트레이닝복에 제비집 머리로 남편

맞이하기 등등 지적할 것이 얼마나 많았겠는가?

하지만 아내에 대한 사랑이 위의 모든 작은 실수들을 가려주고 덮어주는 것이리라. 눈곱을 보기 전에 눈 속의 진실한 사랑을 보는 눈을 가져보자! 배우자의 사명은 실패와 실수를 지적하는 것에 있지 않고 실패와 실수를 덮어주는 것에 있다.

남편과 아내는 배우자의 약점을 찾아 보고하라고 각 가정으로 보내어진 스파이(spy)가 아니라 배우자의 부족한 파트(part)를 메워 덮어주라고 각 가정으로 보내진 파트너(partner)라고 그 누가 얘기했던 기억이 난다.

삶에 힘겨워하는 반쪽이 축 처진 어깨를 하고 있을 때 나머지 반쪽이 주는 격려의 말 한 마디는 행복한 가정을 지탱하는 든든한 기둥이 될 것이다.

부부는 서로 경쟁하는 여야관계가 아니고 서로 존중하는 동반자 관계이자 부부는 서로의 '존재의 근거' 이다. 배우자를 깎으면 자기가 깎이고, 배우자를 높이면 자기가 높여진다는 사실을 명심하자. 배우자를 울게 하면 자기의 영혼도 울게 될 것이고, 배우자를 웃게 하면 자기의 영혼도 웃게 될 것임을 명심하자.

필자가 잘 아는 어떤 강사는 새벽 강의가 유난히 많아서 아내에게 깨워달라고 하는데, 부부싸움을 한 다음 날이면 여간 곤란한 것이 아니었단다. 그래서 생각다 못해 새벽 강의를 앞둔 전날 밤에 아내에게 쪽지를 썼단다. 도저히 혼자 일어날 자신이 없고 그렇다고 사과할 마음은 전혀 없고 해서 "여보! 내일 새벽 5시에 깨워주오!"라고 쪽지를 썼단다. 그런데 이게 웬일? 다음날 깨어보니 새벽 6시가 거의 다 되었더란다. 너무 화가 나서 아내에게 소리를 치려고 일어나는데 옆에 놓인 종이 쪽지를 보고 기가 막혀서 털썩 주저앉았다나 뭐라나?

"여보 새벽 5시예요. 일어나세요!"^^

아내의 재치에 박수를 쳐야 하나…….
남편의 황당함에 위로를 해주어야 하나…….

부부싸움 줄이는 화해방법

옛날에 부부싸움이 잦은 가정이 있었다. 그들은 싸우고 나면 항상 손해가 막심한 것을 깨닫고 생각한 끝에 싸움을 예방하는 좋은 방법을 의논하게 되었다.

부부 중에 자기의 기분이 나쁠 때는 상대방의 기분을 맞춰 비위를 건드리지 않기로 약속했다. 그리고 서로 기분이 나쁠 때는 그 표시 방법으로 남편은 모자를 삐뚤어지게 쓰고 부인은 앞치마를 옆으로 약간 돌려서 입기로 했다.

이렇게 마음을 가라앉힌 부부는 전처럼 싸움이 잦지 않았다. 그도 그럴 것이 남편이 기분이 나빠 모자를 삐뚤어지게 쓰고 들어오면 아내는 얼른 알아차리고 기분 나쁜 일을 피하고, 또 아내가 기분이 나빠 앞치마를 약간 돌려 입었으면 남편이 조심을 했다.

이렇게 얼마만큼의 시간이 흘렀다. 그런데 하루는 남편이 기분이 몹시 상하여 모자를 삐뚤어지게 쓰고 들어왔다. 그런데 아내도 속이 상했는지 앞치마를 돌려서 옆으로 입고 있었다. 그들은 서로 서먹서먹해 하고 있었다. 부부는 양쪽이 서로 기분이 나빠 있을 때는 어떻게 한다는 약속이 없었기 때문에 상대방을 쳐다보며 주춤거리기만 했다. 부부는 한참 동안 어정쩡하게 서 있다가 서로 위로하고픈 마음이 가슴 한 구석에서 용솟음쳐 올라옴을 느꼈다. 그래서 부부는 와락 껴안고 말았다.

성장 환경과 가문이 다른 데서 자란 두 부부가 처음부터 마음에 쏙 들 수만은 없다. 서로 양보하고 용서하는 마음이 있을 때 화목을 유지하게 된다.

2. 가족은 가장 가까운 고객

가족이란 영어 단어는 Family 이다. 이 단어의 어원은 "Father And Mother, I Love You"의 각 단어 첫 글자를 합성한 것이라고 한다. 소중한 가족이 가장 가까운 고객이라는 사실이 의아하고 이해가 안 된다면 계속 읽어보라.

기업이 높은 생산성을 얻기 위해서는 직원들의 가정생활에 대해 높은 관심을 가져야 한다.

전 세계 48개국 IBM 지사 생활 보고서에 대한 분석에 따르면 직장 일에만 매달리는 사람들보다 일과 가정에 균형을 잡고 생활하는 사람들이 회사에 더 큰 기여를 한다. 따라서 기업은 "일과 생활의 균형을 회사 주요 정책에 포함시켜야 한다."(브리검영 대학 제임스 하퍼 교수) 가정이 편안해야 바깥일도 잘 된다는 얘기는 수많은 사람들의 체험이 녹아 있는 '아포리즘(aphorism)적 진실' 이다.

가정이 화목하지 못한 직원은 근무 의욕과 생산성이 떨어진다는 것이 기업 인사담당자들의 일치된 지적이다. 더구나 주5일 근무제 도입과 웰빙 바람 확산, 여성 직원들의 채용 증가 등으로 일상생활에서 가정이 차지하는 비중은 더욱 커지고 있는 추세다.

평생직장 개념이 무너지고 직장에 대한 충성도도 예전 같지 않지만 그럴수록 직원들이 마음 편하게 업무에 전념할 수 있도록 여러 가지 배려를 아끼지 않아야 한다. 과거 같으면 눈치 보며 여름휴가를 다녔던 풍속도도 많이 바뀌고 있다. 삼성 같은 기업은 아예 연월차를 묶어 보름 이상의 여름휴가를 권장하고 있을 정도다.

옛 선조들이 금과옥조로 여겼던 "가화만사성(家和萬事成)"은 바야흐로 또 다른 형태의 "가화만사성(家和萬社成)"으로 기업경영에 접목되고 있다.

· 가족 친화적 경영

최근 LG전자 창원공장이 임직원 자녀들을 대상으로 실시하고 있는 영어캠프를 다녀왔다. 신세계는 올 4월 마련한 '신세계의 길'에서 첫머리에 "우리는 사원의 보람을 중시한다."고 명시했다.

고객의 중요성이 뒤로 밀렸다기보다는 많은 고객을 상대하는 직원들의 만족을 극대화해야 보다 수준 높은 서비스가 나올 수 있다는 판단에서다.

· 가족이 즐거워야 회사도 즐겁다

가족들을 즐겁게 해줌으로써 직원들이 애사심과 자긍심을 갖도록 하는 프로그램들이 많다. 삼성SDI 사장은 신입사원을 뽑고 나면 부모에게 감사의 편지와 함께 꽃바구니를 보낸다. 편지에는 "자녀를 훌륭한 인재로 성장

시켜 삼성SDI에 보내주신 부모님의 은혜에 감사하고 자녀의 꿈을 실현하는 좋은 무대가 될 것을 약속합니다."라는 글귀가 적혀 있다.

　SK텔레콤 사장은 지난 5월 초등학생 임직원 자녀 1,599명에게 자신이 직접 작성한 편지와 3만원 상당의 문화상품권을 보냈다. 김 사장은 이 편지에서 "아빠가 열심히 일하기 때문에 우리나라의 모든 사람들이 편안한 생활을 하고 있다. 아빠를 자랑스럽게 생각하는 마음을 가져야 한다."고 썼다.(중략)

　김영배 경영자총협회 부회장은 "가족 친화적인 경영을 하는 기업들의 경쟁력이 뛰어나다는 사실은 여러 사례들로 입증되고 있다"며 "웰빙문화의 확산으로 가정과 직장의 일치감은 더욱 높아질 것"이라고 말했다.

조일훈 기자 jih@hankyung.com

　직장에서 자상하기로 소문난 K차장이 어느 날 집들이를 하게 되었다. 그런데 그 집에 초대된 회사 동료들은 그가 부인을 마치 가정부 대하듯 하는 바람에 깜짝 놀라고 말았다. 보다 못한 P차장이 이렇게 말했다.

　"자네, 부인한테 너무 하는 거 아냐?"

　K차장의 대답은 간결했다.

　"괜찮아."

　뭐가 괜찮다는 말인가! 아내가 그의 행동을 이해한다는 뜻일까? 아니면 지금까지 죽 그래왔으니 앞으로도 그래야 한다는 의미일까? 그것도 아니라면 부인이 가정부 취급을 받는 것을 좋아한다는 의미일까?

　가족이 서로 사랑하고 사랑받는 방정식은 의외로 간단 명료하다. 가족도

9일 동안 천국 만들기

어느 날, 한 부인이 가정생활을 비관하며 간절히 빌었습니다.
"하나님! 빨리 천국에 가고 싶어요. 정말 힘들어요."

그때 갑자기 하나님이 나타나 말했습니다.

"살기 힘들지? 네 마음을 이해한다.
이제 소원을 들어줄 텐데 그 전에 몇 가지 내 말대로 해보겠니?"

그 부인이 "예!" 하자 하나님이 말했습니다.

"얘야! 집안이 지저분한 것 같은데
네가 죽은 후 마지막 정리를 잘 하고 갔다는 말을 듣도록 집안 청소 좀 할래?"

그 후 며칠 동안 그녀는 열심히 집안 청소를 했습니다.

3일 후, 하나님이 다시 와서 말했습니다.

"얘야! 애들이 맘에 걸리지?
네가 죽은 후 애들이 엄마가 우리를 정말 사랑했다고 느끼게
3일 동안 최대한 사랑을 주어볼래?"

그 후 3일 동안 그녀는 애들을 사랑으로 품어주고,
정성스럽게 요리를 만들어 주었습니다.

다시 3일 후, 하나님이 말했습니다.

"이제 갈 때가 됐다. 마지막 부탁 하나 하자.
너 남편 때문에 상처 많이 받고 미웠지?
그래도 장례식 때 '참 좋은 아내였는데.'라는 말이 나오게
3일 동안 남편에게 최대한 친절하게 대해줘 봐라."

마음이 내키지 않았지만 천국에 빨리 가고 싶어
그녀는 3일 동안 최대한 남편에게 친절을 베풀어 주었습니다.

다시 3일 후, 하나님이 말했습니다.

"이제 천국으로 가자!
그런데 그 전에 네 집을 한번 돌아보려무나!"

그래서 집을 돌아보니까 깨끗한 집에서
오랜만에 애들 얼굴에는 웃음꽃이 피었고,
남편 얼굴에 흐뭇한 미소가 있었습니다.
그 모습을 보니까 천국으로 떠나고 싶지 않았고,
결혼 후 처음으로
"내 집이 천국이구나!" 하는 생각이 들었습니다.

부인이 말했습니다.
"하나님! 갑자기 이 행복이 어디서 왔죠?"
하나님이 말했습니다.
"지난 9일 동안 네가 만든 거야!"
그때 부인이 말했습니다.
"정말이요?
그러면 이제부터 여기서 천국을 만들어가며 살아볼래요!"

'9일 동안 천국 만들기'의 기적은 어디에서나, 누구에게나 가능합니다.
희생의 길은 행복으로 가는 밝은 길입니다. 희생의 짐을 지면 인생의 짐이 가벼워집니다.
나 너를 위해 모든 것을 걸 때, 너 나를 위해 모든 것을 겁니다.

희생은 부담스럽지만 그 부담을 각오할 때 행복의 신비가 찾아옵니다.
'자기 몰입의 신비주의자'는 되지 말아야 하지만
'희생의 신비를 아는 자'는 되어야 합니다. 살고자 하면 죽고, 죽고자 하면 삽니다.
더 나아가 죽이고자 하면 죽고, 살리고자 하면 삽니다.
이 역설의 진리를 잘 소화하는 능력이 있을 때 행복의 키가 부쩍 자라있음을
보게 될 것입니다.

고객이라는 사실만 머리에 각인하면 된다.

내가 먼저 기분 좋게 부르면 분명 상대방도 기분 좋게 대답을 한다. 그것은 마치 메아리와 같다. 그리고 가족에게 기쁨을 주면 나도 행복하고, 가족은 내 선물에 일상생활이 즐거워지며 그 즐거움을 또 다른 가족과 나누고 싶어 한다.

이처럼 배려와 친절은 행복의 바람을 타고 옆으로 앞으로 위로 아래로 파장이 되어 퍼져나간다. 특히 친절이라는 것은 그 향기가 매우 진하여 아무리 널리 퍼져나가도 그 향을 그대로 간직하고 있다. 물론 그것을 처음으로 갖고 있던 주인의 손에도 언제까지나 그 향기가 머물게 된다.

아이들에게 당신이 줄 수 있는

가장 큰 선물은 당신의 시간이다.

그리고 당신이 당신 자신에게 줄 수 있는

가장 큰 선물 가운데 하나는 아이들과 함께

즐거운 시간을 보내면서 그들을 있는 그대로 보는 것이다.

– 로빈 샤르마의 『내가 죽을 때 누가 울어줄까』 中에서–

3. 칭찬 파워로 가족간의 서비스 시너지를 극대화하라

갑자기 전철 안이 소란스러워졌다. 세 살 정도 되어 보이는 아이와 그 아이의 엄마가 사탕을 두고 실랑이를 벌이고 있었던 것이다.

"자꾸 징징거릴래?"

어찌나 큰 소리로 말하던지 주변 사람들의 시선이 일제히 그곳으로 쏠렸다. 더욱 재미있는 것은 그 아이가 혼잣말로 엄마가 했던 말을 그대로 되뇌고 있었다는 사실이다. 발음은 부정확했지만 "징징거릴래, 징징거릴래"라고 웅얼거리고 있었다.

부모는 아이의 걸어 다니는 거울이다. 그러므로 어머니가 자주 쓰는 말을 아이가 따라하는 것은 너무도 당연한 일이다. 언젠가 내가 했던 좋지 않은 말을 아이의 입을 통해 다시 듣고 싶지 않다면 이제부터라도 긍정적이고 밝고 고운 말을 사용하도록 하라.

"아이 부드러워라!"

"너무 예쁘다."

"아이 따뜻해."

"사랑해."

가장 소중한 것

출근길에 있었던 일이다. 옆 차가 바짝 붙어 지나가면서 내 차 문짝을 '찌익' 긁어 놓고 말았다. 나는 즉시 차를 멈추었다. 상대편의 차를 운전하던 젊은 부인이 허겁지겁 내리더니 내게 다가왔다. 많이 놀랐는지 얼굴빛이 사색이 되어 있었다.

"미안합니다. 제가 아직 운전에 서툴러서요. 변상해 드릴게요."

그녀는 잘못을 인정하였다. 하지만 자기 차 앞바퀴가 찌그러진 것을 알게 되자 눈물을 흘리기 시작했다. 이틀 전에 산 새 차를 이렇게 찌그러뜨려 놓았으니 남편 볼 면목이 없다며 계속해서 눈물을 뚝뚝 흘렸다. 나도 그녀가 참 안됐다는 생각이 들었다.

아무튼 사고 보고서에는 운전면허증과 보험관계 서류 등에 관한 내용들을 함께 기록해야 하기 때문에 그녀는 필요한 서류가 담긴 봉투를 꺼내려고 운전석 옆의 사물함을 열었다. 그리고는 봉투 속에서 서류들을 꺼냈다.

"이건 남편이 만약의 경우를 위해서 필요한 서류들을 담아둔 봉투예요."

그녀는 또 한 번 울먹였다.

그런데 그 서류들을 꺼냈을 때 제일 앞장에 굵은 펜으로 다음과 같은 커다란 글씨가 적혀 있는 게 아닌가.

"여보, 만약 사고를 냈을 경우에 꼭 기억해요. 내가 가장 사랑하고 걱정하는 것은 자동차가 아니라 바로 당신이라는 사실을."

그녀의 남편이 쓴 글이었다. 내가 그녀를 다시 쳐다보았을 때 그녀의 눈에는 눈물이 가득 고여 있었다.

-좋은 글

이 세상에 좋은 말이 얼마나 많던가! 말은 마음을 담는 그릇이라고 한다. 상대를 알아주는 칭찬이나 상대가 나를 위해 무엇을 해줄 것인가가 아니라 내가 상대를 위해 무엇을 할 수 있는가를 먼저 생각할 줄 아는 마음 말이다. 그런 마음이 좋은 관계를 만들고 좋은 가정을 만들고 좋은 조직을 만드는 원동력이 된다.

자녀는 부모의 생각대로 자라는 게 아니다

언젠가 하버드 대학의 로버트 로젠달 박사가 한 가지 재미있는 실험을 한 적이 있다. 그는 실험용 흰쥐를 세 그룹의 학생들에게 나눠주고 이렇게 말했다.

첫 번째 그룹에게는 "여러분들은 지금 천재적인 쥐를 다루고 있는 것이다. 그러므로 연구결과도 매우 훌륭할 것이다"라고 말했고, 두 번째 그룹에게는 "여러분들은 지금 보통 수준의 쥐를 다루고 있는 것이다. 그러므로 보통 수준의 연구결과를 얻게 될 것이다"라고 했으며, 세 번째 그룹에게는 "여러분은 지금 애석하게도 바보 쥐를 다루고 있는 것이다. 그러므로 거의 기대를 안 하는 것이 좋을 것이다"라고 말했다.

학생들은 6주일 동안 똑같은 조건에서 실험을 했는데 놀랍게도 쥐들의 반응은 박사가 처음에 했던 말과 같았다.

첫 번째 쥐들은 천재같이 행동했고, 두 번째 쥐들은 보통 수준을 보였으며, 세 번째 쥐들은 바보같이 행동했던 것이다. 하지만 쥐들 중에 천재 쥐,

보통 쥐, 바보 쥐는 존재하지 않는다. 쥐들은 모두 똑같다. 그런데도 쥐들이 각기 다른 반응을 보였던 것은 실험에 참여한 학생들의 마음자세 때문이다.

마찬가지로 자녀교육도 부모의 마음자세에 따라 달라진다. 자녀를 천재로 보면 천재로 성장할 것이고, 보통 아이로 본다면 보통 아이로 자랄 것이다. 부모가 바보라고 믿는다면 천재였던 아이도 바보로 자라나는 것은 당연한 일이다.

반면 능력이 안 되는 아이를 천재 혹은 영재로 과대평가하여 무리하게 교육하고 스트레스를 준다면 이 또한 문제다. 무엇보다 자식의 능력을 제대로 파악하여 키워주려는 자세가 중요하다.

부모가 아이의 능력을 제대로 파악하지 못하고 부모가 원하는 아이의 모델을 정해 놓고 그 틀에 자식을 끼워 맞추려고 한다면 문제가 생기게 된다. 일단 부모가 아이에게 실망하게 되고 더불어 그 아이에게 더 큰 장점과 능력이 있다는 것을 알아채지 못하게 된다. 그것은 정말로 안타까운 일이 아닐 수 없다.

모든 것을 있는 그대로 인정하라

이성을 만날 때도 자신의 틀을 미리 정해 놓으면 상대방을 제대로 파악할 수가 없다. 키는 조인성 정도면 되겠고 몸매는 권상우, 헤어스타일은 소지섭, 눈은 금방이라도 눈물이 주르륵 흘러내릴 것 같은 장동건의 눈망울을 가져야 한다는 틀을 갖고 있으면 사랑을 싹틔우기가 어려운 것이다. 이성에 대한 틀이 꽉 짜여져 있으면 사람을 만날 때마다 머릿속으로 계산하기에 바빠질 것이 아닌가.

‘몸매가 권상우 정도는 돼야지’

‘이준기같은 매력이 없잖아’

사람에게 커트라인이란 있을 수 없다.

자신이 만들어 놓은 커트라인에 모든 사람을 끼워 맞추고 혼자 합격 혹은 불합격을 시키는 일은 철이 없어도 한참 없는 짓이다. 비록 키가 작아도 고수보다 더 그윽한 눈매와 아날로그의 따뜻함을 지녔을 수도 있다. 그 사람의 매력을 충분히 느끼기도 전에 키 하나로 상대방을 불합격시켜 버린다면 본인만 손해일 뿐이다.

상대방을 있는 그대로 인정할 때에야 비로소 진정한 인간관계가 형성될 수 있는 법이다. 떳떳하고 자신감 있게 “우리 아이는 공부에는 관심이 없지만 손재주가 많아서 고장난 라디오도 잘 고쳐요.”라고 말해 보라. 그리고 손재주를 키울 수 있도록 서둘러 도와주어라. 손재주 많은 아이에게 관심도 없는 공부를 하라고 다그친들 그것은 그저 잔소리에 지나지 않는다.

“넌 허구한 날 라디오만 갖고 난리니? 공부 좀 해라 공부 좀! 공부해서 남 주니?”라고 할 것이 아니라 “라디오 고치는 게 재미있는 모양이구나. 감쪽같이 고쳤네. 이번엔 이 카메라 좀 고쳐 보겠니?”라고 해보라. 그러면 더욱 더 신이 나서 깔끔하게 고친 카메라를 자신 있게 그리고 당당하게 부모 앞에 내놓을 것이다.

그처럼 칭찬할 수 있는 기회를 잘 살려 아이에게 의욕의 날개를 달아주어라. 이제 아이들의 기를 살리는 말의 테크닉은 선택이 아니라 필수다.

진심에서 우러나오는 칭찬은 표정과 행동 모두에 나타나므로 하나의 종합예술이라고 할 수 있다. 임상심리학에서는 상대방을 심리적으로 쓰다듬고 어루만져 상대의 존재를 인정해주는 행위를 스트로크라고 한다. 좋은 인간관계를 유지시키는 스트로크가 바로 서비스 행위다.

플러스 스트로크를 사랑이라고 한다면 마이너스 스트로크는 미움, 증오일 것이다. 하지만 이 두 가지 스트로크는 반대 개념이 아니다. 사랑의 반대는 미움이 아니라 바로 무관심이다. 누군가를 미워한다는 것은 아직도 그 사람에 대한 관심이나 미련이 남아있는 것이라고 하지 않던가!

그만큼 무관심은 상대방에 대해 철저하게 관심을 닫아버린 것으로 상당히 무서운 것이다. 당신은 가족들에게 얼마나 관심과 사랑을 주었는가? 혹시 당신의 무관심으로 인해 가슴 아파하는 누군가가 있지 않은지 살펴보라.

4. 서비스 마인드에 의한 가정교육

이기적인 자식 뒤엔 분명 이기적인 부모가 있다

"세살 버릇 여든까지 간다."라는 속담처럼 어릴 때 몸에 익힌 습관은 죽을 때까지 간다. 최근 젊은 세대들이 공공장소에서 눈살을 찌푸리게 하는 행동을 서슴지 않고 하는 것은 어린 시절 적절한 사회적응 교육을 받지 못했기 때문이다.

사회의 최소 구성단위는 가정이라는 작은 공동체다. 가정교육의 부재는 사회교육의 부재를 의미하는 것이기 때문에 부모에 의한 바른 가정교육은 학교에서 받는 단체교육보다 중요하다.

덴마크 속담에 "돼지가 꿀꿀거릴 때 먹이를 주면 살찐 돼지를 얻게 된다. 어린이가 울 때마다 달래주면 결국 버릇없는 아이로 자라게 될 것이다"라는 말이 있다. 우리 속담에도 "미운 자식에게 떡 한 덩이 더 주고 귀여운 자식에게는 매를 때리라"는 말이 있다.

이것은 동서고금을 막론하고 사랑하는 자식일수록 엄격하게 키울 필요가 있다는 것을 의미한다.

하지만 요즘의 부모들은 어떠한가? 마치 아이들을 상전 모시듯 하고 있다. 주말에 야외에 나가거나 식당가를 찾으면 모처럼 온 가족이 둘러앉아 휴일을 즐기는 사람들을 많이 볼 수 있다. 그런데 그처럼 행복한 모습을 일순간에 무너뜨리는 불청객이 있으니 그것은 다름 아닌 아이들이다. 가정교육을 제대로 받지 못해 식당에서 이리저리 뛰어다니고 타인에게 피해를 주어 인상을 찌푸리게 만드는 것이다.

처음엔 '저러다 말겠지' 싶어서 주변 사람들도 웃으며 쳐다본다. 그런데 여기저기 뛰어다니는 것도 부족해서 다른 상에 올려진 음식을 손으로 집어 먹고 달아나다 방석에 걸려 넘어져 울고불고 난리가 난다. 그때, 그 부모의 행동이 가관이다.

"아니, 누가 그랬어!"

자기 자식이 식당을 아수라장으로 만드는 것에는 아랑곳하지 않고 오로지 아이가 즐겁게 뛰어놀지 못하고 넘어진 것만 탓하는 것이다. 이런 이기적인 부모 밑에서 자란 아이는 커서 어떻게 될까? 본인만 행복하고 유쾌하다면 타인의 불행 따위는 아랑곳하지 않는 이기적인 사람이 되지 않을까!

이기적인 사람은 교통질서 따위는 지키지 않는다. 내가 바쁘면, 그래서 내가 원하면 빨간 불이어도 신호를 무시한다. 그러다가 사람이라도 친다면 타인에게 엄청난 재앙을 안겨줄 수 있는데 그야말로 생각 없이 행동하는 것이다.

이기적인 사람은 공공질서 따위는 지키지 않는다. 내가 바쁘면, 그래서 내가 원하면 새치기도 마다하지 않는다. 새치기가 커지면 '바늘 도둑이 소도둑 된다.'는 말처럼 이 사회에서 없어져야 할 범죄자로 전락할지도 모를 일이다.

아이들은 유치원에서 '무엇이든 나눠가져라, 물건은 항상 제자리에 놓아라, 남의 물건에 손대지 마라, 남의 마음을 상하게 했을 때는 미안하다고 말해라, 다른 사람과의 약속은 꼭 지켜라' 등 세상을 살아가는 데 필요한 사항들을 배운다. 하지만 그러한 교육은 오히려 집에서 더욱 더 철저하게 배워야 한다.

외국인이 우리나라를 떠올릴 때 불친절하고 공공질서를 안 지키며 길거리에서 화장실 가기 어려운 나라라고 인식하는 것을 두고 억울해할 필요는 없다. 그러기에 앞서 우리 자신을 돌아보아야 하지 않을까?

이기적인 사람은 이기적인 자식을 낳고 그 자식은 또 이기적인 자식을 낳고, 그러다 보면 어느 새 이 사회는 이기적인 사람들로 가득 차게 될 것이다. 그야말로 정의로운 사람이 '바보'가 되지 않으리라고 누가 감히 장담할 수 있겠는가!

아이들을 이기적이 아니라 바른 사람으로 키워라. 자식이 없다면 배우자를, 배우자가 없고 나 홀로라면 자기 자신을 이기적이지 않은 사람으로 가꿔라.

마음의 가르침

요즘 들어서 요식업에 있어서 교육 비중이 커지고 있다. 서비스가 음식 맛 못지않게 중요한 것이 요식업이기 때문이다. 교육을 하면서 여러 요식업

주와 대화를 나눌 수 있는 기회가 많아졌는데 그 중 기억에 남는 사례를 소개한다.

음식점 출입문이 열리더니 여덟 살쯤 되어 보이는 여자아이가 어른의 손을 이끌고 느릿느릿 안으로 들어왔다. 두 사람의 너절한 행색은 한눈에도 걸인임을 짐작할 수 있었다. 퀴퀴한 냄새가 코를 찔렀다

주인아저씨는 자리에서 벌떡 일어나 그들을 향해 소리쳤다.

"이봐요!! 아직 개시도 못했으니까 다음에 와요!!"

아이는 아무 말 없이 앞 못 보는 아빠의 손을 이끌고 음식점 중간에 자리를 잡았다. 주인아저씨는 그때서야 그들이 음식을 먹으러 왔다는 것을 알았다.

"저어... 아저씨! 순댓국 두 그릇 주세요."

"응 알았다. 근데 애야 이리 좀 와 볼래?"

계산대에 앉아 있던 주인아저씨는 손짓을 하며 아이를 불렀다.

"미안하지만 지금은 음식을 팔 수가 없구나. 거긴 예약 손님들이 앉을 자리라서 말이야."

그렇지 않아도 잔뜩 주눅 든 아이는 주인아저씨의 말에 낯빛이 금방 시무룩해졌다.

"아저씨 빨리 먹고 갈게요. 오늘이 우리 아빠 생일이에요……."

아이는 비에 젖어 눅눅해진 천 원짜리 몇 장과 한 주먹 가득 동전을 꺼내 보였다.

"알았다. 그럼 빨리 먹고 나가야 한다."

잠시 후 주인아저씨는 순댓국 두 그릇을 갖다 주었다. 그리고 계산대에

앉아서 물끄러미 그들의 모습을 바라봤다.

"아빠 내가 소금 넣어줄게."

아이는 그렇게 말하고는 소금통 대신 자신의 국밥 그릇으로 수저를 가져 갔다. 그리고는 국밥 속에 들어 있던 순대며 고기들을 떠서 앞 못 보는 아빠의 그릇에 가득 담아주었다.

"아빠 이제 됐어. 어서 먹어. 근데 아저씨가 우리 빨리 먹고 가야 한댔으니까. 어서 밥 떠 내가 김치 올려줄게."

수저를 들고 있는 아빠의 두 눈 가득히 눈물이 고여 있었다.

그 광경을 지켜보던 주인아저씨는 조금 전 자기가 했던 일에 대한 뉘우침으로 그들의 얼굴을 바라볼 수가 없었다.

필자의 서비스교육에 참가한 위 사례의 주인공인 요식업주는 위 경험을 통해 이제는 절대 고객을 외모만으로 판단하는 실수는 범하지 않는다고 한다. 허름하건 부티나건 우리 가게를 찾아준 사람은 모두 고객이다. 서비스업을 하고 있는 우리에게 고객을 선택할 권리는 없다는 사실을 명심해야 할 것이다.

가정교육의 바로미터, 인사 바로하기

어느 날, 옆집에 놀러가게 되었는데 다섯 살이 된 그 집 아이는 음식을 먹을 때마다 "고맙습니다."라고 정중하게 인사하였고, 잠잘 시간이 되자 이렇

나의 아버지가 쓴 할아버지에 대한 기억

네 살 때 –   아빠는 뭐든지 할 수 있었다.
다섯 살 때 –   아빠는 많은 걸 알고 계셨다.
여섯 살 때 –   아빠는 다른 애들의 아빠보다 똑똑하셨다.
여덟 살 때 –   아빠가 모든 걸 정확히 아는 건 아니었다.
열 살 때 –   아빠가 그것에 대해 아무 것도 모르는 건 당연한 일이다.
                  아버진 어린 시절을 기억하기엔 너무 늙으셨다.
열네 살 때 –   아빠에겐 신경 쓸 필요가 없어. 아빤 너무 구식이거든!
스물한 살 때 –   우리 아빠 말이야? 구제불능일 정도로 시대에 뒤졌지.
스물다섯 살 때 – 아빠는 그것에 대해 약간 알기는 하신다. 그럴 수밖에 없
                  는 것은, 오랫동안 그 일에 경험을 쌓아오셨으니까.
서른 살 때 –   아마도 아버지의 의견을 물어보는 게 좋을 듯하다. 아버진
                  경험이 많으시니까.
서른다섯 살 때 – 아버지에게 여쭙기 전에는 난 아무것도 하지 않게 되었다.
마흔 살 때 –   아버지라면 이럴 때 어떻게 하셨을까 하는 생각을 종종 한
                  다. 아버진 그만큼 현명하고 세상 경험이 많으시다.
쉰 살 때 –   아버지가 지금 내 곁에 계셔서 이 모든 걸 말씀드릴 수 있
                  다면, 난 무슨 일이든 할 것이다.

아버지가 얼마나 훌륭한 분이셨는가를 미처 알지 못했던 게 후회스럽다.
아버지로부터 더 많은 걸 배울 수도 있었는데 난 그렇게 하지 못했다.

-좋은 생각-

아버지가 자녀에게 주어야 할 "7가지 인생의 선물"

첫 번째 선물 – 존경심
존경심은 숭고한 마음의 작용으로 사람을 도에서 벗어나지 않게 하며, 올바른 길을 걷게 만든다. 누구나 인생에서 그 사람만이 할 수 있는 역할을 가지고 태어난다.
그러므로 자신도, 다른 사람도 매우 소중한 존재라는 것을 깨닫게 해주자.

두 번째 선물 – 인내심
인간의 욕망은 끝이 없다. 욕망을 억제하는 법을 모르는 사람은 작은 실패에도 쉽게 좌절하게 마련이다.
자녀에게 자기중심적인 생각을 버리고 자신을 억제하는 법을 가르쳐라.

세 번째 선물 – 사랑
사랑하는 마음을 진솔하게 전해 주는 것이 자녀 교육의 기본이다.
부모가 따뜻한 사랑을 충분히 주고 부모 자식간의 신뢰관계가 확고하다면 그것이 자녀의 꿈과 마음을 키워주는 가장 훌륭한 방법이다.

네 번째 선물 – 의욕
자녀가 스스로 하고 싶다는 생각이 들도록 분위기를 연출하자. 부모 스스로 즐겁게 하고 있는 모습을 보여줌으로써 자녀에게도 스스로 하고자 하는 마음을 불러일으킨다.

다섯 번째 선물 – 개성
아이들은 모두 잘 갈고 닦으면 빛을 내는 보석과 같다. 그 아이만의 좋은 개성은 부모만이 잘 살릴 수 있다.
자녀의 개성을 이해하고 그 개성을 살릴 수 있는 환경을 만들어 주자.

여섯 번째 선물 – 배움
어릴 때부터 자신의 인생관을 갖도록 조언해 주자.
높은 이상은 배움에서부터 시작된다는 것을 이해시키고 새로운 것을 알아가고 도전하는 것에 신선한 즐거움을 느낄 수 있도록 이끌어 주자.

일곱 번째 선물 – 꿈
자녀의 눈높이에서 세상을 바라보자. 자녀를 있는 그대로 인정하면 자녀 교육의 반은 성공한 것이다.
무슨 일이든 열심히 한다면 칭찬해 주자.

게 말하고는 자기 방으로 들어갔다.

"저는 이제 자야 할 시간입니다. 즐겁게 보내다 가세요."

사실, 이것은 당연한 행동임에도 불구하고 웬일인지 요즘에는 이 당연한 행동이 이상하게 보일 정도로 그런 예의를 지키는 아이가 드물다. 우리나라를 지키는 힘은 이런 새싹들의 반듯한 예절정신에서 비롯된다고 해도 과언이 아니다. 물론 친절을 표현하는 양식은 세월이 지남에 따라 간편화되고 단순화될 수도 있지만 친절의 정신만큼은 아무리 세월이 흘러도 바뀔 수 없는 것이다.

따라서 부모 세대의 불친절 문화는 다음 세대를 교육하고 가르치면서 하나하나 다시 뜯어고쳐야 한다. 그렇게 하지 않고는 다음 세대에게 무례와 불친절의 유산밖에 남겨줄 것이 없다. 친절의 기초를 되찾는 일은 당대뿐만 아니라 다음 시대를 살아갈 2세들을 위해서라도 서둘러야 할 숙제다. 더불어 사회구성원간에도 서비스 정신을 나눠야 한다.

친절은 사회를 올바르게 지탱해 나갈 수 있는 원동력이다. 작은 우산이라도 함께 쓰고 가면 한 쪽 어깨만 젖듯이 이 험난한 세상을 살아가는 데 서로가 친절하려 애쓴다면 적어도 한 쪽은 훈훈해질 수 있을 것이다. 다른 사람에게 관심을 보이고 배려하는 자세가 그 어느 때보다 아쉽다.

현명한 자녀를 만드는 교육법

큰 실수는 야단을 치는 대신 감싸주어라. 그러나 작은 실수는 반드시 꼬

집어 주어라! 왜냐하면 큰 실수는 아이가 스스로 반성할 수 있지만, 작은 실수는 아이가 모르고 지나칠 수 있기 때문이다.

첫째, 건강한 아이는 사랑에 의해 만들어지고 명랑한 아이는 화목에 의해 만들어지며 뜻이 높은 아이는 희망에 의해 만들어진다.

둘째, 용기 있는 아이는 칭찬에 의해 만들어지고 자신감 있는 아이는 격려에 의해 만들어지며 강한 아이는 인내에 의해 만들어진다.

셋째, 너그러운 아이는 이해심에 의해 만들어지고 겸손한 아이는 분수에 의해 만들어지며 감사할 줄 아는 아이는 정에 의해 만들어진다.

넷째, 현명한 아이는 교육에 의해 만들어지고 절도 있는 아이는 매와 통제에 의해 만들어지며 독불장군 아이는 지나친 기대에 의해 만들어진다.

다섯째, 건전한 아이는 도덕에 의해 만들어지고 예의바른 아이는 바른 언동에 의해 만들어지며 무례한 아이는 그릇된 언동에 의해 만들어진다.

여섯째, 희생심 많은 아이는 봉사에 의해 만들어지고 의심하는 아이는 거짓말에 의해 만들어지며 정직한 아이는 믿음에 의해 만들어진다.

일곱째, 유머러스한 아이는 웃음에 의해 만들어지고 소박한 아이는 절약에 의해 만들어지며 사치스러운 아이는 낭비에 의해 만들어진다.

사랑할수록 혼내라

"어디서 난 옷이냐? 어서 사실대로 말해 봐라."

환경미화원인 아버지와 작은 고물상을 운영하는 어머니는 아들이 입고 들어온 고급 브랜드의 청바지를 본 순간 이상한 생각이 들어 며칠째 다그쳤다. 부모님의 성화에 못 이겨 아들이 사실을 털어놓았다.

"죄송해요. 버스 정류장에서 손지갑을 훔쳤어요."

아들의 말에 아버지는 그만 자리에 털썩 주저앉고 말았다.

"내 아들이 남의 돈을 훔쳤다니……."

잠시 뒤 아버지가 정신을 가다듬고 말했다.

"환경이 어렵다고 잘못된 길로 빠져서는 안 된다."

아버지는 눈물을 흘리며 아들의 손을 꼭 잡고 경찰서로 데려가 자수시켰다. 자식의 잘못을 감싸기 바쁜 세상에 뜻밖의 상황을 대면한 경찰은 의아해하면서 조사를 시작했다. 경찰 조사 과정에서 아들의 범죄사실이 하나 더 밝혀졌고, 결국 아들은 법정에 서게 되었다. 그 사이에 아버지는 아들이 남의 돈을 훔친 것에 마음 아파하다가 그만 심장마비로 세상을 떠나고 말았다.

재판이 있는 날 법정에서 어머니가 울먹였다.

"남편의 뜻대로 아들이 올바른 사람이 되도록 엄한 벌을 내려 주세요."

아들은 눈물을 흘렸다.

"아버지가 저 때문에 돌아가셨어요. 으흐흑."

이를 지켜보던 주위 사람들은 모두 숙연해졌다. 드디어 판결의 시간이 왔다.

"불처분입니다." 꽝 꽝 꽝.

벌을 내리지 않은 뜻밖의 판결에 어리둥절해하는 당사자와 주위 사람들에게 판사가 그 이유를 밝혔다.

“우리는 이처럼 훌륭한 아버지의 아들을 믿기 때문입니다.”

– 좋은 생각 중 한 토막

요즘의 부모들은 아이들을 기를 때, 무조건 이길 것만을 강요한다.

아이가 친구와 싸우고 울면서 들어오면 “아니, 누가 그랬어?”라고 묻는다. 그래서 아이가 누구라고 말하면 대뜸 “너도 같이 때려주지 그랬어?”라고 일방적으로 맞지 말라고 가르친다. 만약 아이가 “나도 때려 주었어.”라고 말하면 “세게 때렸어?”라고 묻는다. 이때, 아이가 그렇다고 대답하면 “잘했다”고 말한다. 그야말로 가관이 아닐 수 없다.

친구에게 공부뿐만 아니라 힘에서도 떨어지는 것을 부모가 못 참는 것이다. 이런 교육을 받고 자란 아이들은 자기 것을 조금도 손해 보지 않으려는 영악성만 발달하게 된다. 어쩌다 조금이라도 손해를 보면 자기 분에 못 이겨 소리를 지르고 발악을 해댄다.

남보다 더 많이 더 좋은 것만 가지려는 이기심이 어떤 결과를 낳게 되는지를 잘 보여주는 사례이다.

자식에게 물려 줄 최고의 유산

요즘에는 병원의 직원은 물론, 대학병원 교수 및 병원장이 참석한 가운데 서비스 교육이 이루어지는 것이 특별한 일이 아니다. 그만큼 서비스에 대한

만일 내가 다시 아이를 키운다면

먼저 아이의 자존심을 세워 주고

집은 나중에 세우리라.

아이와 함께 손가락 그림을 더 많이 그리고,

손가락으로 명령하는 일은 덜 하리라.

아이를 바로잡으려고 덜 노력하고,

아이와 하나가 되려고 더 많이 노력하리라.

시계에서 눈을 떼고 눈으로 아이를 더 많이 바라보리라.

만일 내가 다시 아이를 키운다면

더 많이 아는 데 관심 갖지 않고,

더 많이 관심 갖는 법을 배우리라.

자전거도 더 많이 타고 연도 더 많이 날리리라.

들판을 더 많이 뛰어다니고 별들을 더 오래 바라보리라.

더 많이 껴안고 더 적게 다투리라.

도토리 속의 떡갈나무를 더 자주 보리라.

덜 단호하고 더 많이 긍정하리라.

힘을 사랑하는 사람으로 보이게 하지않고

사랑의 힘을 가진 사람으로 보이게 하리라.

중요성을 인식하고 서비스 향상을 위해서 위에서부터의 혁신이 이루어지고 있어 무척 고무적이다. S병원 간호사들을 대상으로 서비스강사 양성과정을 진행하던 중 L간호사가 경험했던 사례를 소개한다.

　간호사로 일할 때의 일이다. 아침에 출근해보니 아직 진료가 시작되기에 이른 시간이었음에도 25살 남짓 되어 보이는 젊은 아가씨와 흰머리가 희끗희끗한 아주머니가 두 손을 꼭 마주잡고 병원 문 앞에 서 있었다. 아마도 모녀인 듯 했다.

　문을 열고 들어가면서 그들을 향해 말을 했다. "아주머니, 아직 진료시간이 되려면 좀 있어야 하는데요. 선생님도 아직 안 오셨습니다."

　"…………"

　"………"

　내 말에 두 모녀가 기다리겠다는 표정으로 말없이 마주 보았다. 업무시작 준비를 하는 동안에도 두 모녀는 맞잡은 손을 놓지 않은 채 작은 소리로 애기를 주고받기도 하고, 엄마가 딸의 손을 쓰다듬으면서 긴장된, 그러나 따뜻한 미소를 보내며 위로하고 있었다. 잠시 후, 원장 선생님이 오시고 나는 두 모녀를 진료실로 안내했다. 진료실로 들어온 아주머니는 원장님에게 떨리는 목소리로 말했다.

　"얘, 얘가, 제 딸이에요. 예, 옛날에, 그니까 초등학교 들어가기 전에, 외가에 놀러갔다가 농기구에 다쳐서 왼손 손가락이 모두 잘렸어요. 다행이 네 손가락은 접합수술에 성공했지만, 근데, 네, 네 번째 손가락만은 그러질 못했네요."

　"…………………"

"다음 달에 우리 딸이 시집을 가게 됐어요. 사위 될 사람이 그래도 괜찮다고 하지만, 그래도 어디 그런가요. 이 못난 어미 때문에 어린마음에 상처만 많이 줬지만 그래도 결혼반지 끼울 손가락은 주고 싶은 게 이 못난 어미 바람이에요. 그래서 말인데 늙고 못생긴 손이지만, 제 손가락을 잘라 접합 수술이 가능한지……."

그 순간 딸도 나도 그리고 원장 선생님도 아무 말도 할 수가 없었다.

원장님은 흐르는 눈물을 닦을 생각도 못한 채, "그럼요, 가능합니다. 예쁘게 수술할 수 있습니다." 라고 말했다. 그 말을 들은 두 모녀와 나도 눈물을 흘릴 수밖에 없었다.

이 어머니가 딸에게 물려준 가장 값진 유산은 바로 '사랑' 이 아닐까?

우리가 이상적으로 생각하는 인간관계는 이런저런 조건 없이 있는 그대로의 나를 좋아해 주고 내가 필요로 하는 것은 가능한 한 주고 싶어 하며, 내가 뭔가를 주고 싶어할 때 부담 없이 받아주는 사람이다. 그런 사람은 틀림없이 나를 진정으로 좋아하는 사람일 것이다. 그래서 그런 사람을 만나면 내 스스로가 꽤 괜찮은 사람으로 여겨지고 그로부터 관계의 대상이 되고 있다는 사실에 마음이 흡족해진다.

또한 매사에 나를 배려해 주는 모습을 통해 스스로가 귀중한 사람인 것처럼 여겨져 우주가 나를 중심으로 돌아가는 듯한 만족감을 느낄 수 있다.

그런데 이처럼 좋은 인간관계를 만드는 것은 의외로 간단하다.

내 필요를 충족시켜 줄 사람을 찾기 전에 내가 먼저 상대방에게 필요한 사람이 되는 것이다. 그러면 상대방은 분명 내가 찾던 그런 사람이 된다. 이것은 자식이 성장해서 완벽한 이상형의 배우자를 찾을 때에도 조언으로 들려줄 수 있다.

"완벽한 배우자를 원한다면 네가 먼저 완벽한 배우자를 맞이할 자격을 갖춘 사람이 되어야 한다."

미국의 36대 대통령이었던 존슨 대통령은 '사람 사귀기'에 있어서 훌륭한 모범을 보여 사람들의 존경을 받았다. 그는 항상 나름대로의 규칙을 기록해 놓고 사람들을 만날 때마다 그것을 행동에 옮기려 노력했다고 한다. 다음의 조항들은 그가 사람을 만날 때마다 염두에 두었던 내용이다.

첫째, 다른 사람의 이름을 기억하자. 이름을 기억한다는 것은 내가 상대방에게 관심을 갖고 있다는 것을 알려주는 것과 같다.

둘째, 내가 다른 사람과 함께 있을 때는 상대방이 나를 최대한 편안하게 느끼도록 하자. 마치 오래된 신발처럼…….

셋째, 남의 마음을 상하게 하는 일이 없도록 포근한 사람이 되자.

넷째, 나 자신을 너무 자랑하거나 무엇이든 다 알고 있다는 듯한 인상을 주지 않도록 하자.

다섯째, 나로 인해 상대방이 얻을 것이 많다는 느낌을 갖도록 노력하자.

여섯째, 내가 받았거나 받을 수 있는 오해는 반드시 풀도록 하자.

일곱째, 다른 이들에게 정신적인 기둥이 되자.

존슨 대통령처럼 자기 나름대로의 규칙을 정해 놓고 그것을 지키려 노력하는 자세는 좋은 대인관계를 가꾸는 기둥이 된다.

과연 몇 명의 부모들이 이런 규칙에 따라 자녀들을 교육시킬까? 만약 나름대로의 규칙이 없다면 지금이라도 한 번 만들어보라. 아직 늦지 않았다.

꼽추엄마의 착한 아이

꼽추였던 여자와 꼽추였던 남자가 서로 사랑하였습니다. 그리고는 결혼을 하였습니다. 아이를 가졌습니다. 그 부부는 내심 걱정이 되었습니다. 그 아이가 혹시나 부모의 유전을 받아 꼽추가 되진 않을는지. 그러나 부부의 걱정과는 달리 무척 건강한 아이가 태어났습니다.

꼽추엄마는 아이를 지극정성으로 살폈고, 착한 아이도 엄마를 잘 따르며 건강하게 자랐습니다. 이제 아이는 초등학생이 되었습니다. 아이를 학교에 보내게 된 엄마는 다시 걱정이 되었습니다. 아이가 철이 들어감에 따라 엄마를 외면할까봐. 그런 아이의 마음에 상처를 주지 않기 위해, 엄마는 아이가 초등학교에 입학한 후부터 한 번도 학교에 찾아가지 않았습니다.

그러던 어느 날 아이가 도시락을 놓고 학교를 가게 되었습니다. 엄마는 고민하기 시작했죠. 이 도시락을 학교로 갖다 주는 게 나은지? 도시락을 갖다 주면 아이가 무척 창피해 할 텐데……. 그렇다고 갖다 주지 않으면 점심을 굶게 되는데…….

이런저런 고민 끝에 학교에 살짝 갖다 주기로 했습니다. 아이와 아이의 친구들이 볼까봐 몰래 수업시간 중에 학교로 찾아가게 되었습니다.

난생 처음 보는 아이의 학교. 순간 가슴이 뭉클해진 엄마였습니다. 교문을 들어서는데 웬 아이들이 잔뜩 모여 있었습니다. 어느 반의 체육시간이었나 봅니다. 그런데 저쪽 나무 밑에서 엄마의 아이가 보였습니다. 아이의 반의 체육시간이었던 것입니다. 엄마는 순간 당황했고 학교를 급히 빠져나가려 했습니다.

아이가 볼까 봐서…….

친구들이 볼까봐서…….

서러운 맘을 감추지 못하고 힘든 몸을 이끈 채 조심조심 뛰었습니다. 그런데 저 멀리서 아이가 엄마를 발견하였습니다. 눈이 마주쳤습니다.

엄마는 놀라며 더욱 빠른 발걸음으로 교문을 빠져나가려 하였습니다. 그런데 저쪽 나무 밑에서 아이가 교문 쪽을 바라보며 환하게 웃으며 소리쳤습니다.

"엄마!!!"

꼽추엄마의 눈에는 이유를 알 수 없는 눈물이 쏟아졌습니다.

소리 없는 가르침

오늘 저녁 지하철에서의 일이었습니다. 피곤에 지친 몸을 이끌고 겨우 빈자리를 찾아 꺼덕거리며 졸고 있었습니다. 난데없는 시끄러운 소리 때문에 짜증스럽게 깨긴 했지만요. 벌떡 고개를 들어 소리가 나는 쪽을 돌아보니 한 아줌마와 꼬마 남자애가 옥신각신 하더군요.

대화의 내용으로 금방 엄마와 아들이라는 걸 알 수 있었습니다.

"아~씨. 그 게임기 좀 사달라니까 그게 그렇게 아까워?"

“너, 게임기 많이 사줬잖아. 다음에 사줄게.”

“싫어~싫어~ 지금 사줘. 돈도 많으면서. 이잉.”

그 애는 얼굴까지 붉어지면서 씩씩거리고, 심지어 엄마를 막 걷어차면서 몸부림을 치기까지 하더군요. 결국엔 큰 소리로 울면서 떼를 씁니다.

주위 사람들 모두 전부 짜증스럽게 쳐다보자, 마침내 사주겠다는 말이 나오고, 언제 그랬냐는 듯 그 아이는 조용해집니다. 가만 보니, 차림새가 부티 나는 걸로 보아 좀 사는 집안 같았습니다.

그 모자가 앉아 있는 바로 정면, 즉 제 옆자리에는 그 모자와 상반되는 차림의 모녀가 앉아 있었습니다. 차림새는 꾀죄죄하고 피곤한 기색이 가득한, 좀 가난한 집안 같아 보였습니다.

엄마로 보이는 분은 몹시 고단한지 고개를 푹 숙이고 졸고 계셨고, 딸로 보이는 여자애는 그 아이도 몹시 피곤해 보였지만, 아무래도 둘 다 졸면 내릴 역을 지나칠지 몰라 일부러 깨어있는 듯 했습니다. 큰 손수레와 이런저런 짐이 있는 걸로 보니 아무래도 노점상으로 생계를 유지하는 그런 사람들 같았습니다.

그때였습니다. 한 장애인분이 동전이 담긴 바구니를 들고 오시더군요. 얼굴 여기저기엔 상처가 나 있었으며 다리를 심하게 저는, 청각장애인분이었습니다. 그 장애인분을 보더니 아까 떼쓰던 남자아이는 엄마와 뭘 속닥거리며 킬킬 웃는 게 아니겠습니까. 그 아이의 엄마는 야단을 치기는커녕 오히려 같이 맞장구를 치며 웃더군요. 정말, 한 대 걷어차 주고 싶을 정도로 얄밉게 말이죠.

다른 승객들도 그저 모른 척 앉아있기만 했습니다. 그런데 그 꾀죄죄한 여자아이는 웃거나 무시하기는커녕 약간 씁쓸한 표정을 짓더니 자고 있던 엄마를 깨워 뭔가를 얘기했습니다.

잠시 후 그 엄마는 품에서 지저분한 지갑을 꺼내어 아이에게 꼬깃꼬깃한 돈 2천원을 쥐어 주고 그 아이는 그 장애인분에게 달려가 동전만 몇 개 있는 바구니에 그 2천원을 넣어주는 게 아닙니까? 장애인분은 그 여자아이에게 고개를 연신 숙이며 고맙다는 뜻을 보였고, 그러자 같은 칸에 타고 있던 승객들 몇 분도 약간씩 돈을 꺼내어 바구니에 적선을 했습니다.

아! 정말 감동적이더군요. 마침 가진 돈이 떨어져 빈털터리 신세였던 저도 주머니를 털어 있는 돈 모두 그 바구니에 쏟아 부었습니다. 모든 승객의 시선은 아까 그 모자에게 집중되었고, 좀전에 장애인분을 비웃던 남자아이도 웃던 걸 멈추고 갑자기 얼굴이 빨갛게 변하더니 엄마에게 돈 좀 넣어주라고 보채기 시작하더라고요. 아이의 엄마는 귀찮은 듯이 천 원짜리 한 장을 집어넣었고, 그 장애인분은 비틀비틀거리며 칸에 있는 모든 승객들에게 인사를 한 번씩 한 후 다음 칸으로 가셨습니다. 아까 그 꾀죄죄한 모녀는 싱글싱글 웃으며 서로 얘기를 주고받았고, 부잣집 모자는 못마땅한 듯이 얼굴을 찌푸리며 그냥 침묵을 지키더군요. 집으로 올 때까지 정말 기분이 좋았습니다.

비록 가진 것은 없지만 나눌 수 있는 것이 많은 이런 아이들 덕분에 세상은 아름답게 보입니다.

1. 가족사진 중에서 가장 잘 나온 사진을 한 장 선택한다!
2. 그 사진의 필름을 찾아 지갑 속에 쏙 들어갈 사이즈로 한 장 현상한다.(혹시 필름이 없다면 조금 마음에 들지 않더라도 지갑에 들어갈 만한 것을 선택한다)
3. 종이를 세 장 정도 준비한다.
4. 가족사진을 보면서 가족 한 사람 한 사람의 장점을 써내려간다.
5. 장점은 다섯 가지 이상 쓰도록 한다.
6. 아무리 머리를 쥐어짜도 칭찬거리가 없는 가족이 있다면 반대로 어떤 점이 나를 속상하게 하는지 기록한다.
7. 칭찬거리를 다 적었다면 이제는 내가 그 가족에게 미안한 점을 기록한다. 이것도 다섯 가지 이상 기록한다.
8. 이제 당신에게는 중요한 자료가 생겼다. 가족들의 장점과 당신이 계발해야 할 내용이 적힌 자료가 생긴 것이다.
9. 이제는 실천만 남았다. 표현하라. 표현을 하지 않는다면 그 자료는 무용지물이 되어 버린다.
10. 아침에 일어나거나 퇴근길에 혹은 함께 식사를 하면서 하나씩 표현을 해본다. "엄마, 늘 느끼는 거지만 엄마가 끓여주시는 김치찌개는 정말로 일품이에요!"라고 하면서 엄지손가락을 들어보이는 것도 좋다. 가족들 앞에서 그렇게 하면 더욱 더 이상적이다. 물론 처음엔 어색할지도 모른다. 가족들도 "갑자기 쟤가 왜 저래"라고 하면서 핀잔을 줄지도 모른다. 그러나 칭찬을 받는 엄마는 마음속으로 은근히 기쁠 것이고 가족들도 그 칭찬을 받고 좋아하는 엄마의 모습을 보면서 엄마에게 기쁨을 선사한 당신을 고맙게 여길 것이다.가족 중에서 누군가가 먼저 칭찬을 시작하면 그 시너지는 생각보다 커진다. 한 번 실천해 보라.
11. 계속해서 칭찬을 하며 이번에는 자신의 단점, 즉 가족들에게 내가 미안하게 생각하는 점을 개선해 보라. 그것은 행동으로 개선하는 것뿐만 아니라 말로도 표현해야 한다. 예를 들어 난장판으로 어질러진 방에서 몸만 쏙 빠져나와 그 방을 청소하느라 등골이 휘어졌을 엄마에게 미안했다면 오늘부터는 조금 일찍 일어나 방청소를 해보라. 그러면 깔끔하게 정리된 방을 보고 나오는 느낌이 얼마나 상쾌한 것인지를 알게 될 것이다. 곧이어 엄마에게 말로 표현해 보라. "엄마! 오늘은 제가 방을 정리했어요. 지금까지 제 방을 청소하느라 많이 힘드셨죠? 죄송해요. 이제부터는 제가 조금 일찍 일어나 대충이라도 정리하고 나갈게요!" 흐뭇해하시는 엄마의 표정이 마치 박하사탕처럼 시원한 느낌으로 다가올 것이다.

기쁘게 웃고 있는 누군가를 보는 일은 즐거운 일이다. 그리고 그 사람을 즐겁게 한 사람이 '나'라는 것을 느꼈을 때에는 행복의 극치를 맛보게 된다.

성공을 향한 서비스 선택 드림(Dream) 5

고객의 마음을 열어라 · 고객 만족의 경영을 하라 · 고객의 평생가치에 투자하라
일하기 좋은 기업이 강한 기업 · 휴먼터치로 피가 통하는 조직을 만들어라
고객의 기대를 읽고 관리에 힘써라 · 완성된 서비스의 힘

1. 고객의 마음을 읽어라

어떤 세무서에 출강하게 되었을 때, 시작 시간보다 좀 이르게 도착한 적이 있다. 아직 점심을 먹지 못한 상태였는지라 근처의 작은 분식집에 들러 간단하게 김밥을 먹고 있었는데, 마침 한 청년이 들어와 내 앞에서 라면을 먹으며 핸드폰으로 통화를 하였다.

"안녕하세요? ○○미용실이죠? 저는 헤어디자이너인데 그곳에 취직하고 싶어 전화 드렸습니다."

"……."

"아, 네. 헤어디자이너가 충분히 있다고요."

"……."

"하지만 저는 상당한 수준의 헤어 연출이 가능합니다. 저를 채용하시면 후회하지 않으실 텐데요. 헤어디자이너를 바꿔볼 생각은 없나요?"

"……."

"그럼, 지금의 헤어디자이너가 마음에 드신다는 말씀이시군요? 바꾸실 필요가 전혀 없다는 말씀인가요?"

"……."

"네. 잘 알겠습니다."

그런데 웬일인지 말투나 표정에 전혀 서운한 기색이 없었다. 계산을 할 때에도 거스름돈을 받지 않고 기분 좋게 나가는 것이 아닌가!

"아주머니, 거스름돈은 필요 없어요. 제가 일을 잘 하기는 잘 하는 모양이에요. 허허허!"

정말 모를 일이었다. 그 청년이 나가고 난 뒤, 궁금증을 참지 못한 내가 주인아주머니에게 물었다.

"정말 모를 일이네요."

"아, 그 청년이요? 정말 재미있는 사람이라우. 저렇게 가끔씩 자기가 다니는 미용실에다 확인을 한답니다. 그래야 자신이 어떻게 일을 하는지 알 수 있다나요? 건너편 미용실에서 근무하는 청년인데 아주 성실하지요. 호호호."

그 청년은 분명 고객을 관리하는 방법을 알고 있는 것 같았다. 머리를 손질하러 오는 손님들만 고객이 아니라 자기 자신을 고용하고 있는 고용주도 분명 그에게는 고객임을 알았던 것이다. 물론 그것이 고용주를 떠보기 위한 것이라면 바람직하지 못한 일이지만, 본인의 부족함을 채우기 위한 하나의 수단으로 사용한다면 그리 올바르지 않은 일이라고 할 수는 없을 것이다.

이것은 기업도 마찬가지다. 고객은 기업에게 끊임없는 아이디어를 제공해 주는 원천이므로 기업은 고객과의 지속적인 대화를 통해 항상 그들의 욕구를 파악하고 잘못된 점을 개선하려는 노력을 보여야 한다. 그런데 고객의 소리는 쉽게 들리는 경우도 있지만, 그렇지 않은 경우가 훨씬 더 많다. 그렇기 때문에 고객의 마음을 읽을 수 있도록 많은 관심을 기울여야 한다.

서비스 제공자가 고객의 소리를 들을 수 있으려면 다음의 3가지 귀를 가져야 한다.

첫째, 고객이 말하는 것을 듣는 귀를 가져야 한다.

둘째, 고객이 말하지 않는 것을 듣는 귀를 가져야 한다.

셋째, 고객이 말하려 해도 말할 수 없는 것을 듣는 귀를 가져야 한다.

어떤 이유에서든 고객의 소리를 듣지 못해 해결되지 못한 채로 남겨진 고객의 불만은 눈덩이처럼 커져 기업에게 그리고 서비스 제공자에게 커다란 태풍으로 몰아닥칠 것이다. 고객들은 대부분 자신이 당했던 불만을 소문내고 다니기 때문이다. 고객의 경험담은 '걸어 다니는 최악의 광고 테러리스트'인 것이다.

물론 만족을 느낀 고객은 더욱 더 많이 그러한 광고를 하고 다닌다. 하지만 아무리 고객을 위해 감동을 주었더라도 자선단체가 아닌 이상 무조건적일 수는 없다. 고객이 아무리 감동을 받았어도 재구매를 할 수 없는 형편이라면 또 다른 고객을 형성해야 한다. 그렇다고 형편이 안 되는 고객을 무시하라는 것이 아니라 추가고객이 필요하다는 말이다.

비즈니스 세계에서는 수요가 많아야 공급이 많아지고 그래야만 매출이 발생하여 돈을 벌 수 있다. 어차피 비즈니스 세계에서는 돈을 벌어야 존립할 수 있는 것이 아닌가.

얼마 전, 출강한 관공서에서 관공서장과 이야기할 기회를 얻게 되었다. 그때, 관공서장이 했던 말 중에서 특히 기억에 남는 것이 하나 있다.

"정말로 서비스 태도는 배워야 합니다. 그것이 얼마나 중요한데요. 그런데 저는 늘 사무실에서 결재하는 일이 많다 보니 고객을 만날 시간이 거의 없어 안타깝습니다."

그 말을 듣는 나야말로 안타까웠다. 관공서장이 고객의 개념을 잘못 알고 있는 것이 확실했기 때문이다. 결재를 받으러 오는 부하직원이 얼마나 중요한 내부 고객인지 모르고 있었던 것이다. 관공서 건물에서 점심을 퍼주는 직원도 고객일 수 있고 운전기사도 고객일 수 있다.

고객에게 만족을 주지 못하는 것도 문제이지만, 고객을 눈앞에 두고도 고객인 줄 모르고 있는 것은 더욱 큰 문제가 아닐 수 없다.

고객의 개념을 한 번 살펴보자.

• 내부 고객

내부 고객이란 나를 중심으로 상사, 부하, 동료는 물론이고 경영자, 관리자, 기자, 생산자, 판매자, 서비스 요원 등 가치를 생산 및 제공하는 모든 사람들을 말한다. 다시 말해 당신이 수행한 업무의 결과로 부가가치를 얻을 수 있는 당신 곁에 있는 사람들을 의미한다.

• 외부 고객

제품이나 서비스를 제공받는 가치 구매 고객을 일상적으로 외부 고객이라 한다. 따라서 외부 고객은 당신의 제품을 사고 서비스를 이용하며 궁극적으로는 당신이 목표를 성취하고 꿈을 실현시킬 수 있도록 그 동안 배운 내용과 기술을 적용할 수 있게 한다.

또한 그들은 당신의 회사 전체를 순환하여 궁극적으로는 당신의 봉급에서 끝나는 실제 자본을 공급해 준다. 이러한 외부 고객을 우리는 최종 고객이라고 부르기도 한다. 보다 넓은 의미로 주주, 협력회사, 지역주민 등도 외부 고객이라 할 수 있다.

• 고객 사슬

회사 조직은 대부분 전통적인 피라미드 모양으로 계층을 이루고 있으며, 그 층에 따라 책임과 권한의 구분이 명확하다. 피라미드의 제일 꼭대기에 위치하고 있는 CEO의 명령에 따라 하부 조직의 구성원들이 움직이게 되는데, 사실상 고객이 만나게 되는 사람은 자신의 요구를 처리해 주는 특정한 직위의 사람이지 그 회사의 대표가 아니다. 즉, 고객은 조직의 역전된 피라미드를 경험하는 것이다.

그리고 조직의 나머지 사람들은 그 프런트 라인에 있는 직원이 성공적으로 고객을 놀라게 할 수 있도록 지지해 주는 역할을 하고 있다.

이러한 사슬이 효과적으로 유지되기 위한 필수요소는 '결합(linkage)' 이다. 결합이라는 것은 모든 팀의 구성원들이 상호 의존하고 서로의 업무를 이해하면서 서로 단절되어 있지 않다는 것을 의미한다.

저명한 경영컨설턴트인 피터 드러커도 이렇게 강조한다.

"자기가 잘 하는 일이 무엇인지 알고 자신의 강점을 더욱 더 강화시켜 나가는 것이 자기계발의 열쇠다."

고객을 내쫓는 불친절 톱10

1위: 공해형

인사도 없다. 미소는 포기했다. 표정이 어둡고 냉랭하다. 잘 몰라서 뭐 좀 물어 보거나 하면 시큰둥한 목소리로 대답하는 형

2위: 내가 먼저형

고객이 바쁘든 말든 자기 할 일과 할 말을 다 한다. 고객은 안 보이는지 못 보는 건지 도대체 왜 그 자리에 앉아 있는지 아리송한 형

3위: 고지식형

입만 벌리면 "규정에 없어요." 말이 막히면 "규정 한 번 확인해 보죠." 고객이 항변하면 "그건 손님 생각이고, 그렇게 하면 위법이에요."라며 고객에게 법과 규정에 대해 강의하는 형

4위: '침묵은 금' 형

고객은 문제 해결을 바라며 조마조마해 하건만 막상 담당 직원은 뭐가 어떻게 된 건지, 얼마나 기다려야 하는지 말이 없다. 하도 답답해서 물어 보면

그냥 "기다리세요."가 전부다.

5위 : 로버트형

고객과 눈이 마주칠세라 고개 숙이고 말 한 마디 없이 자기 일만 기계처럼 반복하여 고객으로 하여금 '혹시 자동지급기 앞에 서 있나?' 하고 혼동하게 하는 형

6위 : 나 잘난형

대출 신청이나 상담 좀 하려면 아래위로 훑어보며 귀찮다는 듯 단답식으로 답하고, 거물이나 상대하는 사람이라는 듯 뻣뻣한 태도로 일관하며, 무슨 호구 조사하듯이 고객 신상이나 물어보는 형

7위 : 교통순경형

동전을 조금 바꾸려면 "출납계로 가세요." 상품 좀 설명해 달라면 "○○계로 가세요."라고 하며, 이리저리 손짓만 하는 형

8위 : 나몰라형

고객 응대시 기본적인 사항에 문제가 생기면 "위에서 시켜서요, 방침이 그래요."라고 하며 책임지지 않으려는 형

9위 : 남탓형

자동 이체가 정해진 날짜에 되지 않는다든가, 또는 자동화기기 사용시 불

편함을 호소하면 고객이 무식해서 그렇다고 뒤집어씌우기가 주특기인 형

10위 : 몸만 바빠형

고객이 자주 물어보는 업무에도 매번 말문이 막혀서 주위의 도움을 청하려 허둥대고 업무 처리는 실수투성이인 형

병원에서 생긴 일

한 쪽 눈이 없는 엄마

우리 어머니는 한 쪽 눈이 없다. 난 그런 어머니가 너무 밉고 싫다. 우리 어머니는 시장에서 조그마한 장사를 하신다. 그냥 나물이나 과일 등 여러 가지를 닥치는 대로 캐서 파신다. 난 그런 어머니가 너무 창피했다.

어느 날이었다. 운동회 때 엄마가 우리 학교로 왔다. 나는 너무 창피해서 그만 뛰어나왔다. 다음 날 학교에 갔을 때 "너희 엄마는 한 쪽 눈이 병신이냐?" 하고 놀림을 받았다. 나는 그런 엄마가 이 세상에서 없어졌으면 좋겠다. 그래서 엄마에게 말했다.

"엄마, 왜 엄마는 한쪽 눈이 없어!! 진짜 쪽팔려 죽겠어!!!"

엄마는 아무 말도 하지 않았다. 조금 미안하단 생각은 했지만 하고 싶은 말을 해서 속은 시원했다. 엄마도 나를 혼내지 않아서 그렇게 기분 나쁘진 않겠지 하고 말았다. 잠에서 깨어 물을 마시러 부엌으로 갔다. 엄마가 울고

있었다. 나는 미안한 마음이 들었다. 하지만 한 쪽 눈만으로 우는 엄마가 너무나 싫었다.

나는 커서 성공했다. 이렇게 가난한 게 싫었기 때문에 나는 악착같이 공부했다. 그리고 서울에 올라와 당당히 서울대에 합격했다. 가정을 꾸리고 아이도 생겼으며, 집도 장만하였다. 나는 아내와 아이와 이렇게 행복하게 산다. 여기서는 엄마 생각이 나지 않기 때문에 좋았다.

그러던 어느 날 어떤 할머니가 우리 집에 찾아왔다.

"누구야!"

'이런!!'

그건 우리 엄마였다. 여전히 한 쪽 눈이 없는 채로. 아이는 무서워서 도망 갔다. 그리고 아내는 누구냐고 물었다. 나는 어머니가 돌아가셨다고 거짓말을 쳤다. 그래서 나는 모르는 사람이라고 했다. 그리고 누군데 우리 집 에 와서 우리 아이를 울리느냐고 소리를 쳤다.

"당장 꺼져!!"

그러자 엄마는 "죄송합니다. 제가 집을 잘못 찾아왔나 봐요."

'역시, 날 몰라보는구나.'

그럼 이대로 영원히 신경 쓰지 말고 살아야겠다.

나는 마음이 한결 가벼웠다. 어느 날 반창회 때문에 출장을 간다는 핑계를 대고 고향에 내려갔다. 반창회가 끝나고 궁금한 마음에 집에 가보았다. 그런데 엄마가 쓰러져 계셨다. 그러나 나는 눈물 한 방울 나지 않았다.

엄마의 손에는 편지가 들려 있었다.

사랑하는 내 아들 보아라.

엄마는 이제 살 만큼 산 것 같구나.

그리고 이제는 서울에 안 갈게…….

근데 네가 가끔씩 찾아와 주면 안 되겠니?

엄마는 네가 너무 보고 싶구나.

엄마는 반창회 때문에 네가 올지도 모른다는 소리를 듣고 너무 기뻤다.

하지만 학교에 찾아가지 않기로 했어.

너를 생각해서.

그리고 한 쪽 눈이 없어서 정말로 너에겐 미안한 마음뿐이다.

어렸을 때 네가 교통사고가 나서 한 쪽 눈을 잃었단다.

나는 너를 그냥 볼 수가 없었단다. 그래서 내 눈을 주었단다.

그 눈으로 엄마 대신 세상을 하나 더 봐주는 네가 너무 기특했단다.

난 너를 한 번도 미워한 적이 없구나.

네가 나에게 가끔씩 짜증을 낸 건

사랑해서 그런 거라고 엄마는 생각한단다. 고맙다…….

아들아, 내 아들아!

어미가 먼저 갔다고 울면 안 된다.

울면 안 된다.

사랑한다. 내 아들!

갑자기 알 수 없는 게 내 마음 한쪽을 조여 왔다. 눈물이 났다. 엄마 사랑하는 내 엄마.

끝없는 모성애를 물씬 느끼게 하는 이야기다.

우리에게 눈은 얼마나 소중한 존재인가!

안경 없이 생활할 수 없는 사람들의 가장 큰 소망은 안경 없이 생활하는 것이다. 눈이 안 좋은 나도 강의를 할 때마다 안경 대신 렌즈를 착용하는데 결막염으로 렌즈 착용이 어려워져 최후의 방법으로 라식수술을 받게 되었다.

고심 끝에 추천을 받고 병원을 찾아가게 되었는데 병원에 들어서는 순간 내 선택에 안심하게 되었다.

간혹 우리는 인간 냄새가 물씬 풍기는 병원을 만나기도 하는데 내가 찾아간 곳이 바로 그랬다. 그곳에는 수술을 성공적으로 마친 사람들이 기념으로 벗어놓고 간 안경들이 수북이 장식되어 있었는데, 그것을 통해 병원장의 환자들에 대한 세심한 관심을 엿볼 수 있었다.

그보다 더 신선한 충격은 수술하는 장면을 볼 수 있도록 수술실이 유리로 되어 있다는 점이었다. 그리고 모니터가 유리벽 바깥쪽에 있어 수술 장면을 보기 위해 유리벽 가까이에 모여 있는 환자의 보호자들은 더욱 더 안심을 할 수 있었다. 그런데 한 쪽 눈의 수술이 끝난 후 의사는 갑자기 보호자 쪽을 바라보더니 환한 표정으로 박수를 치라는 제스처를 취하는 것이 아닌가. 그러자 유리벽에서 초조하게 기다리던 보호자들은 경사라도 난 듯 환호성과 함께 박수를 쳤다.

그 병원은 어둡고 무서운 곳이 아니었고 의사도 권위적이거나 고압적인 존재가 아니었다. 그리고 10분 정도의 휴식 후 나머지 한 쪽 눈도 여러 사람의 환호성과 박수를 받으며 성공적으로 수술을 마치게 되었다.

소리 없이 보여주는 의사의 표정은 마치 팬터마임을 연상시킬 정도로 환하고 익살스러웠다. 그 장면을 관심 깊게 지켜보던 내 마음도 훈훈해졌고 눈을 맡겨도 되겠다는 편안한 감정이 밀려왔다.

드디어 내 차례가 되었는데, 열일 제쳐두고 뛰어온 남편의 얼굴에는 긴장한 빛이 역력했다. 오히려 "잘 될 거예요. 걱정하지 말아요."라고 위로한 건 내 쪽이었다.

수술복으로 갈아입고 위생사가 부드러운 음성으로 나를 불러 가보니 웬 상자를 앞에 내밀었는데 그 안에는 여러 가지 종교적인 물건들이 들어있었다.

"물론 안전한 수술이지만 박영실님에게는 중요한 눈 수술이니 마음의 안정이 필요할 겁니다. 종교가 어떻게 되세요? 한 가지만 선택하시지요."

나는 환자의 심적 안정을 위해 세심한 부분까지 신경 쓴 것에 대해 무척 감동을 받았다. 비교적 간단한 수술이라 그리 걱정은 안 했지만 그래도 마음 한 쪽에 불안감이 있었는데, 배 위에 올려놓은 작은 물건이 상당히 도움이 되었다. 어쩌면 그것은 관심과 배려가 담겨 있는 물건이었기 때문인지도 모른다. 심신이 지쳐있는 환자에게 무엇보다 필요한 것은 이러한 관심과 배려다.

나는 다음에도 또 가고 싶은 병원과 인연을 맺었다는 사실이 너무도 기뻤다. 베이컨은 '사람은 천성과 직업이 맞으면 행복해진다' 라고 말했는데, 나는 그 병원에서 행복한 사람들을 많이 만나게 되었음에 감사한다.

2. 고객만족의 경영을 하라

자장면보다 맛있는 서비스의 맛

종로에 있는 어느 중국집은 음식 맛이 없으면 돈을 안 받는다.

어느 날, 그 집에 할아버지와 초등학교 3학년쯤 되어 보이는 아이가 들어왔다. 점심시간이 막 지나간 뒤라 그런지 식당에는 청년 하나가 신문을 뒤적이며 볶음밥을 먹고 있을 뿐이었다. 할아버지와 아이는 자장면 두 그릇을 시켰는데 할아버지의 손은 험한 일을 얼마나 많이 했는지 말 그대로 북두갈고리 같았다.

아이가 자장면을 맛있게 먹자 할아버지는 아이의 그릇에 자신의 몫을 덜어주었다. 그리고 몇 젓가락 안 되는 자장면을 다 드신 할아버지는 입가에 자장을 묻혀가며 부지런히 먹고 있는 손자를 대견하다는 듯이 바라보고 있었다.

그때, 할아버지와 아이가 나누는 얘기가 들려왔다. 아마도 그 아이는 부모 없이 할아버지와 단둘이 사는 모양이었다. 그리고 가난한 살림에 손자가 하도 자장면을 먹고 싶어 하여 모처럼 데리고 나온 길인 듯했다.

아이가 자장면을 반쯤 먹었을 때, 주인이 주방 쪽을 보고 말했다.

"오늘은 자장면 맛을 아직 못 봤네. 조금만 줘봐."

그러자 금방 자장면 반 그릇이 나왔다. 주인은 한 젓가락을 입에 대더니 주방장을 불렀다.

"기름이 너무 많이 들어간 거 같지 않나? 그리고 간도 잘 안 맞는 것 같군. 이래가지고 손님들한테 어떻게 돈을 받을 수 있겠나!"

주방장을 들여보내고 주인은 아이가 막 식사를 끝낸 탁자로 갔다. 그리고 할아버지가 주인을 쳐다보자 그는 허리를 깊숙이 숙이며 말했다.

"죄송합니다. 오늘은 자장면이 별로 맛이 없었습니다. 다음에 오시면 꼭 맛있는 자장면을 드실 수 있도록 하겠습니다. 저희 가게는 맛이 없으면 돈을 받지 않습니다. 다음에 꼭 다시 들러주십시오."

손자의 손을 잡고 문을 열며 나가던 할아버지가 뒤를 한 번 돌아보았다. 주인은 다시 인사를 하였다.

"고, 고맙구려."

할아버지는 손자에게 팔을 붙들려 나가면서 주인에게 더듬거리는 목소리로 인사를 했다. 주인은 말없이 환하게 웃었다.

그 주인은 고객에게 잔잔한 감동을 주는 진정한 서비스의 '맛'을 알고 있었던 것이다. 고객인 할아버지는 주인의 서비스에 만족이 아닌 '감동'을 느꼈을 터이고 그 가게 앞을 지날 때마다 미소지을 것이다. 그 미소는 손자에게까지 전염될 것이고 손자 또한 다른 사람에게 이 훈훈한 감동을 전염시킬 것이다. 그리고 그 주인의 서비스는 이러한 계산에서 나온 것이 아니기에 더욱 더 전염의 농도가 짙을 것이다.

고객이 다시 찾아오게 만드는 서비스의 비결

1. 진실의 순간을 관리하라

2. 실패한 서비스를 기회로 바꾸어라

3. 서비스 불만을 기회로 바꾸어라

4. 전략적 서비스로 서비스를 효율화하라

5. 서비스에 긍지를 가지는 기업가적인 직원을 만들어라

미국 최고의 품질경영상인 말콤 볼드리지 상을 받은 유명한 수화물 배송 업체, 페데럴 익스프레스의 사례다. 페데럴 익스프레스는 휴일에 한 아동병원으로 혈액을 배달하도록 주문받았다. 하지만 배달 날짜가 휴일이었기 때문에 배달 사원은 혈액이 어디에 있는지 정확히 연락받지 못했다.

그러자 그 사원은 창고로 달려가 문이 잠긴 창고의 담을 넘는 우여곡절 끝에 혈액을 찾아내고야 말았다. 그렇게 함으로써 아동병원으로 혈액을 무사히 배달할 수 있었다.

한 배달 사원의 철저한 서비스 정신이 위급한 상황에 있던 한 어린이의 병을 치료하는 데 도움을 주었고, 이는 페데럴 익스프레스의 이미지에 결정적인 영향을 주었다.

미국의 노드스트롬 백화점에도 놀라운 사례가 있다.

한 부인이 세일이 막 끝난 매장을 찾아왔다. 그녀는 세일 기간이 끝난 줄 모르고 한 고급 브랜드의 바지를 세일 가격에 사고 싶어 했다. 하지만 그 매

장에는 그녀에게 맞는 치수가 이미 다 팔린 상태였다. 그러자 판매 사원은 주변의 매장에 그 바지가 있는지를 알아보기 시작했다.

인근 지역의 노드스트롬 매장에서 바지를 구하지 못하자, 판매 사원은 경쟁사의 백화점까지 알아보았다. 바로 길 건너의 경쟁 백화점에 그 치수의 바지가 있다는 사실을 안 판매 사원은 곧장 그 백화점으로 달려갔다. 그리고는 정가대로 돈을 지불하고 바지를 구입해 와서는 그 고객에게 세일 가격으로 되팔았다.

물론 이 거래에서 노드스트롬 백화점은 돈을 벌지 못했다. 그러나 돈 대신 고객에게 평생 잊을 수 없는 감동을 안겨 주었다.

서비스 선진 기업에서 이와 같은 사례를 발견하기란 그렇게 어려운 일이 아니다. 하지만 궁금한 것은 도대체 어떻게 하면 이처럼 헌신적인 서비스를 고객에게 제공할 수 있을까 하는 점이다.

여러 가지 비결이 있겠지만 가장 중요한 것이 무엇이냐고 필자에게 묻는다면 우선 진실의 순간을 관리하라고 제안하고 싶다.

스페인의 투우에서는 투우사와 소가 일대일로 대결하는 최후의 순간을 결정적 순간이라 말한다. 기업도 투우사처럼 한 순간의 서비스가 기업의 이미지를 좌우하게 하는 결정적인 순간을 수시로 맞게 된다.

이러한 상황을 마케팅에서는 '진실의 순간(moments of truth)'이라 한다. 진실의 순간은 위의 사례처럼, 고객에게 그 기업의 서비스 품질과 고객에 대한 기업의 태도를 극명하게 보여줄 수 있는 기회다.

비록 짧은 시간이지만 진실의 순간이 바로 그 기업의 서비스에 대한 고객의 인식을 좌우하게 된다.

진실의 순간을 흔히 결정적 순간이라고 부르는 이유가 여기에 있다. 고객에게 선택받을 수 있는 금쪽같은 기회인 결정적 순간, 진실의 순간을 잘 관리하고 있는가? 쉼표를 찍고 되돌아보자.

3. 고객의 평생가치에 투자하라

작지만 결코 작지 않은 생각

"영실아! 너희 집 근처에 진짜 맛있는 칼국수집 있던데 가 봤니?"

"그래? 어딘데? 어, 거기?… 전화번호는?… 응. 좋은 정보야… 한 번 먹어 봐야겠는데?… 그래… 안녕…….."

"따르릉…….."

"네 ○○칼국수집입니다." (너무도 구수한 할머니의 음성)

"거기 **칼국수집 아닌가요?"

"아, 그 집은 우리 옆집이라우. 전화번호 알려줘요?… 메모 준비됐수?"

"네? 아, 네… ○○번이라고요? 고맙습니다."

"고맙긴… 근데 색시! 우리 집도 참 맛있다우. 한 번 와보구려."

"호호호. 네 그럴게요."

전화를 끊는 순간, ○○칼국수집 주인 할머니의 인자한 미소가 떠올랐다. 맛있는 칼국수를 정성스레 만드는 할머니의 따뜻함을 직접 경험하고 싶었던 나는 발걸음도 가볍게 ○○칼국수집으로 뛰어갔다. 전화는 보이지 않는 얼굴이라던데 어찌나 할머니의 얼굴이 생생하게 그려지던지……. 그래서 전화 응대가 중요한가 보다.

무릎이 튀어나온 추리닝차림에 퍼런 슬리퍼를 신고 헐레벌떡 안으로 들어서니 예상대로 작은 키에 동그란 얼굴의 할머니께서 반갑게 맞아주셨다.

"할머니, 아까 전화한 사람인데요. 어쩜 그렇게 전화를 잘 받으세요?"

"잘 받긴… 뭐……. 근데 난 잘못 걸린 전화하고 거드름 피우는 전화를 참 좋아한다우."

"왜요?"

"왜는? 잘못 걸린 전화를 잘 받았더니 단골이 여럿 되더구먼. 호호호."

"근데 거드름 피우는 전화는 왜 좋아하세요?"

"거드름 피우는 사람은 자신이 없는 사람이거든. 거드름 피우는 사람보다 거드름을 피우게 만드는 사람이 진짜 자신감 있는 사람이지. 그런 전화를 받으면 왠지 마음껏 받아주고 싶어. 그러면 그 사람은 꼭 우리 집에 찾아온다우."

전화예절 강의를 한 지 횟수로 7년째인 나도 생각지 못한 응대를 초등학교 문턱도 못 넘은 할머님께서 실천하시다니……. 역시 친절은 지식이 아니라 상대방을 헤아리려는 역지사지의 관심과 배려에서 나오는가 보다.

'내가 저 사람 입장이라면 어떨까?' 라는 작지만 결코 작지 않은 생각에서 비롯된 그 사랑과 친절에 눈이 부실 지경이었다.

힘이 센 고객

현대는 연출의 시대다. 단순히 있는 사실을 말하는 것만으로는 남의 마음을 사로잡지 못한다. 그리고 사실을 보다 다이내믹하게 표현하기 위해서는 나름대로의 연출이 필요하다. 어떤 사람은 외모에만 신경을 쓰는 것은 마음과 인격이 잠든 탓이라고 말하기도 하지만 나는 그렇게 생각하지 않는다.

먼지 긴 뿌연 안경테에 더벅머리, 한 손에 무거운 가방을 든 남루한 옷차림이 모범생을 상징하던 시대는 이미 가고 없다. 지금은 '계획성 있는 옷차림과 헤어스타일, 또한 몸매 관리를 잘 하는 사람이 일도 효율적으로 잘 하고 추진력도 있는 시대다.

그렇기 때문인지 몰라도 거리마다 근육맨, 근육우먼이 제각기 근육이 잘 드러날 수 있는 옷을 선별(?)해서 입고 뽐내며 걷는 모습을 어렵지 않게 볼 수 있다. 어쩜 그렇게 몸매 관리를 잘 할까?

좋은 몸매는 부지런함에서 비롯된다는 남편과의 의견 일치로 우리 부부는 주말마다 집 근처에 있는 레포츠센터에 다니기로 하였다. 하지만 레포츠센터에 빠짐없이 가는 일은 그리 쉽지 않았고, 조금만 더 잘까말까를 고민한 끝에 찾아간 날은 주차할 곳이 마땅치 않아 애를 먹어야 했다.

며칠 전에도 전날 잠을 설쳐 반쯤 감긴 눈으로 도착하여 주차를 하려는데 빈 곳이 없었고, 심지어 두 대 정도가 주차할 수 있는 공간에 큰 차 한 대가 턱 하니 자리를 잡고 있어 주차를 하느라 진땀을 빼야만 했다.

요즘처럼 차가 많은 시대에는 운전방법과 주차예절만 보아도 그 사람의 인격을 알 수 있는 법이다.

엉망으로 주차한 사람에게 속으로 실컷 욕을 해주고 간신히 탈의실에 들어갔더니 더 황당한 일이 나를 기다렸다. 단정하게 닫혀 있어야 할 신발장의 문이 열려 있어 땀에 밴 신발 냄새가 풀풀 풍겨 나오고 있었다. 물론 '얼마나 수영을 빨리 하고 싶었으면 문도 못 닫고 들어갔을까' 라는 생각으로 별스럽지 않게 여기고 배정된 열쇠로 락커를 열었더니 앞사람이 사용한 듯한 휴지 뭉치가 지저분하게 널려 있는 것이 아닌가!

'바빠서 못 치웠겠지' 싶어서 휴지통에 버린 후 체중계 쪽으로 향하는데 바닥에 아무렇게나 떨어져 있는 물과 범벅이 된 머리카락들이 발을 괴롭혔다. 난감해서 옆을 보니 멋지게 근무복을 차려입은 아주머니가 쳐다보고 있었다. 나이가 들었어도 본인 관리에 철저하구나 싶어 웃는 얼굴로 "여기 좀 치워주시겠어요?" 라고 부탁하였다.

그러자 대뜸 한다는 말이 "치워도 다시 더러워지는데 뭘…" 하는 것이 아닌가. 멋진 옷차림과 너무도 안 어울리는 그 냉랭한 말씨에 나는 입맛이 싹 달아나는 듯한 느낌이었다.

또 더러워질 텐데 치우면 뭐하냐고? 아니, 자꾸만 더러워지기 때문에 레포츠 센터에서 그 아주머니를 고용한 것이 아닌가? 사실, 그렇게 더럽히는 고객이 있기 때문에 그 아주머니가 떳떳하게 일할 수 있는 것이다. 이런저런 생각을 하면서 나는 머리카락을 휴지로 닦아냈다.

그리고 샤워를 하기 전에 화장실에 잠깐 들렀는데 그곳은 탈의실보다 한결 깨끗했다. '화장실 청소 담당 아주머니는 깔끔한 사람인가 보다' 라고 생각하며 화장실을 들어가려는데 누군가가 큰 소리로 외쳤다.

"어이구, 거긴 금방 청소한 곳인데 이왕이면 옆쪽으로 가지… 깨끗한 데는 알아서. 어휴!"

정말 기가 막힐 노릇이다.

물론 본인이 깨끗이 청소한 화장실을 고객이 쾌적하게 이용하는 것을 기쁨으로 삼는 것이 쉬운 일은 아닐 것이다. 그리고 지나치게 더럽게 사용하는 고객이 있는 것도 사실이다.

하지만 무엇보다 자신이 왜 그곳에서 일하는지를 먼저 생각해야 하는 것이 아닐까? 공공화장실을 내 집 화장실처럼 이용하지 못하는 고객에게도 문제가 있지만, 그 전에 고객을 맞이하는 사람이 좀 더 성숙된 의식을 지녀야 한다고 본다. 더럽히는 고객이 없다면, 그곳에서 일할 사람이 필요치 않을 것이기 때문이다.

무성의한 말은 지옥의 계단

"이보게, 내 구두 좀 닦게나."

"밖에 비가 오는데요! 닦아도 밖에 나가면 더러워질 겁니다. 닦아도 소용없습니다."

게으른 하인의 변명을 들으며 주인은 그를 한 번 힐끗 쳐다보더니 이렇게 말했다.

"그럴 수도 있겠군. 알겠네. 그럼 다녀오겠네."

다음 날, 식사 때가 되면 어김없이 식당으로 부르던 주인이 기척이 없자,

하인이 식당으로 달려가 말했다.

"저는 밥을 안 주십니까? 저도 배가 고픈데요."

"아니, 지금 밥을 먹어도 조금 있으면 또 배가 고파질 텐데 밥은 먹어서 뭣하나. 안 그런가?"

그 하인은 자기 꾀에 자기가 넘어가고 말았던 것이다. 말 한 마디로 상대방의 가슴에 잔잔한 감동을 안겨줄 수도 있고 대못을 박을 수도 있다.

언젠가 치통을 참다가 너무 아파서 어쩔 수 없이 치과를 찾게 되었다. 그런데 옆자리에서 치료를 받고 있던 어떤 아가씨가 치아의 색을 교체하는지 의사와 두런두런 이야기를 나누는 소리가 들려왔다. 윙 소리와 함께 달그락거리는 소리가 들려오더니 이윽고 의사가 이렇게 말했다.

"치아가 누리끼리해서 흰 치아는 안 어울릴 것 같은데요. 이걸로 하죠."

'건강해 보이는 색이라는 말도 있는데 왜 하필이면 누리끼리라는 표현을 쓰는 것일까?

내가 이런 생각을 하며 누워 있는데, 곧이어 의사의 말이 들려왔다.

"아가씨는 이빨이 보통 사람보다 누리끼리해서 새로 하는 이도 좀 누런 걸로 하셔야 됩니다."

이 말에 자존심이 상했는지 아가씨는 그래도 흰 것으로 해달라고 떼를 썼다. 하지만 이에 질세라 의사가 다시 한 번 못을 박는다.

"누런 이빨에 흰 걸로 하면 너무 튀어 보인다니까요."

나는 내심 그 결말이 어떻게 날까를 궁금해 하며 귀를 기울였다. 그런데 아가씨는 몹시 마음이 상했던지 마음 한 구석에서는 의사의 말에 공감하는 듯하면서도 얼룩진 자존심을 지키려는 것인지, 아니면 본인의 의견을 관철시키는 것만이 유일한 살 길이라고 생각했는지 강한 어조로 말했다.

"저는 흰 것을 원해요. 흰 걸로 할 거니까 그냥 그것으로 해주세요."

타협의 여지가 없는 강력한 통보였다. 나는 몹시 안타까웠다. 의사가 조금만 더 현명했더라면 조금만 더 환자를 배려했더라면 부드럽게 아가씨를 설득했을 수도 있을 터였다.

이후로 그 아가씨는 절대로 다른 사람 앞에서 웃지 않을 수도 있다. 자신의 치아가 누렇다는 것을 강하게 확인받았으니 오죽하겠는가. 게다가 본인의 치아 색과는 전혀 어울리지 않는 치아를 괜한 자존심으로 돈을 들이고 했으니 거울을 볼 때마다 얼마나 억울하고 화가 날까.

돈도 아깝고 시간도 아까울 뿐더러 아팠던 고통의 순간도 되돌리고 싶을 것이다. 의사에게는 환자가 치아에 자신감을 가질 수 있도록 도와줘야 하는 의무도 있다고 생각한다. 그런 의미에서 볼 때, 그 치과의사는 분명 본인의 의무를 다하지 못한 것이다.

나는 그 아가씨를 보면서 어느 새 나를 돌아보고 있었다.

'의사가 다음에는 나를 치료할 텐데 기분 나쁘다고 막 아프게 치료하면 어쩌지? 그리고 이 병원은 의술은 좋은지 몰라도 환자의 마음을 따뜻하게 치료하지는 못하겠구나.'

만약 그 의사가 이렇게 말했다면 얼마나 좋을까?

"이 치아가 가장 잘 어울릴 것 같은데 어떻습니까?"

그러면 환자의 마음에 상처를 주지 않고도 얼마든지 의사가 목적했던 대로 치료할 수 있었을 텐데 그 의사는 그러한 센스가 부족했다. 그리고 "입을 조금만 더 크게 벌려주시면 더 빠르게 치료할 수 있습니다"라고 하면 될 것을 "입을 쫙 벌려요. 잘 안 보이잖아요"라고 말하는 식이니 어떤 환자인들 기분이 나쁘지 않겠는가.

모름지기 의사란 먼저 환자의 마음을 편안하게 안정시키는 것이 기본적인 자세일 텐데 대다수의 사람들이 어쩔 수 없이 기본도 못 지키는 병원을 다니고 있다. 왜냐하면 대부분의 병원이 그렇기 때문에 우리에게는 선택의 여지가 없는 것이다.

"예약시간이 훨씬 지났잖아요."

"이렇게 늦게 오시면 어떻게 해요."

"립스틱을 지우셔야죠."

"애들아, 뛰지 마."

"다음 주 화요일에 오세요."

"엄살피지 마세요."

병원에서는 언제나 환자들에게 거의 명령에 가까운 말을 사용한다. 이렇게 하면 훨씬 더 환자들에게 편안한 마음을 줄 수 있을 텐데…….

"오늘 많이 바쁘셨나 봐요. 조금만 기다려주십시오."

"립스틱이 옷하고 잘 어울리시네요. 죄송합니다만, 치료를 위해서는 립스틱을 지워주셔야 하는데요. 부탁드립니다."

"어린이 친구, 여기서 뛰면 위험해요. 우리 조용히 앉아 있을까요?"

"좀 불편하시죠. 조금만 참으시면 곧 괜찮아질 겁니다."

이 얼마나 마음 편하고 가슴 따뜻한 말들인가?

이 세상 모든 환자들은 신체의 치료에 앞서 마음의 치료를 더 원하고 있을 것이다.

하이네는 이렇게 말했다.

"언어는 죽은 사람을 무덤 속에서 불러내기도 하고 산 사람을 생매장하기도 한다. 언어는 소인을 거인으로 만들기도 하고 거인을 납작하게 때려눕힐 수도 있다."

혀에는 뼈가 없지만 뼈를 부러뜨릴 수도 있는 것이 '혀' 임을 명심하고 또 명심할 일이다.

4. 일하기 좋은 기업이 강한 기업

일하기 좋은 기업이란 물론 금전적인 혜택도 중요하지만 무엇보다 가족 같은 분위기를 만들어주는 기업을 의미한다. 최고 실적을 낸 판매 사원에게 한 달 동안 회사의 벤츠 승용차를 사용하게 하거나 5년 이상 근속한 사원들과 함께 리츠칼튼 호텔에서 오찬을 하는 제도가 있는 회사에서 당신이 근무한다면 어떠할까? 아마 저절로 콧노래가 나오고 신이 날 것이다.

기업에서는 돈도 돈이지만 직원들에게 자긍심을 심어주는 등 내부 고객의 니즈를 정확하게 파악하고 그것에 접목하려는 노력을 기울여야 한다. 지금은 돈만으로 인재 관리를 할 수 있는 시대가 아님을 인식해야 하는 것이다.

실제로 많은 기업들이 임직원 가족들의 회사에 대한 이해도를 높여 일체감을 갖자는 취지로 가족 프로그램을 연구·활용하고 있는데, 그것은 가족 간의 사랑을 확인하는 것뿐만 아니라 애사심 또한 높여주는 기회가 된다. 아울러 회사의 비전과 활동을 소개하는 영상자료를 통해 회사에 대한 이해를 높이기도 한다.

특히 요즘은 늦은 귀가로 가족들과 대화가 부족한 가장들이 많기 때문에 이러한 프로그램은 가족들로부터 대대적으로 환영받기 마련이다.

얼마 전, 나는 삼성전자 해외지사에 파견될 법인장들을 대상으로 '이미지 메이킹'과 '드레스매너'에 대해 강의를 한 적이 있다. '자긍심 고취'를 목적으로 호텔신라에서 열린 그 강의에는 법인장들이 부부동반으로 초대되었고, 열띤 분위기 속에서 재미있게 진행되었다. 그리고 자신의 남편이 회사에서 얼마나 중요하고 또한 인정받는지를 알게 된 부인들까지도 은근히 자존심이 높아지는 것처럼 보였다.

그 강의에서는 부부간에 서로를 칭찬해주는 시간을 가졌는데, 법인장들이 부인의 두 손을 꼭 붙잡고 "여보, 고맙소!"라고 말하며 사랑을 확인하는 순간 부끄러움에 어쩔 줄 몰라 하면서도 눈물을 훔치는 부인의 모습을 보면서 가슴이 찡해 옴을 느꼈다.

그동안 남편이 직장에서 최대한의 능력을 발휘할 수 있도록 내조해왔을 부인들의 모습도 아름다웠지만, 그러한 부부의 사랑을 다시금 확인하도록 교육 프로그램을 마련한 회사의 센스 또한 아름답게 느껴졌던 시간이었다.

혹자는 그런 투자가 무슨 소용이 있느냐고 반문할지도 모른다. 그러나 지금 당장 눈에 보이는 실적이 없는 교육이라고 해서 투자를 망설이는 기업과 경영자가 있다면, 그 회사는 얼마 지나지 않아 어려움에 처할 것이라고 감히 말하고 싶다. 가랑비에 옷 젖어보고 콩나물시루에 물을 줘본 경영자라면 아마도 그런 생각은 하지 않을 것이다.

중요한 것은 교육이 교육으로만 끝나서는 안 된다는 사실이다. 교육을 한 후에는 변화를 피드백 해야 한다.

다시 말해 외부 교육이나 장기 연수를 받은 직원은 교육을 받고 난 뒤,

무엇이 변했는지 그리고 무엇을 변화시킬 것인지 계획서를 작성하도록 하고 스스로의 모습을 체크할 수 있도록 피드백 기회를 주어야 한다. 회사에서는 개인에게 선투자를 한 것이므로 반드시 그 반대급부를 추구해야 하는 것이다.

삼류회사는 회사 돈이 우수인력 양성에 투자되는 것을 두려워하고, 이류회사는 우수인력 양성을 위해 투자했으면 그것으로 그만이라고 생각하며, 일류회사는 우수인력 양성을 위해 한 투자가 회사경영의 노하우에 연결될 수 있도록 체인시스템을 관리한다.

오늘날, 기업은 우수인력 확보는 물론이고 그들의 능력을 더욱 더 갈고 닦기 위해 고심하고 또 고심한다. 만약 그런 멋진 회사에 다닌다면 당신이 그 회사에 걸맞은 우수인력으로 변해가고 있는지 스스로 자문해볼 필요가 있다. 한 번 거울 앞에 서 보라. 당신은 과연 우수인력인가!

조금 과장을 섞어 말한다면, 80대 20의 법칙처럼 지금은 우수인력 20명이 80명의 직원을 먹여 살리고 있는 시대다. 다시 말해 소수의 엘리트가 다수의 평범한 사람들을 책임지고 있는 것이다.

우수인력은 채용되는 즉시 아웃풋(out put)을 낼 수 있는 사람이다. 즉 A급 회사, 일류회사는 A급 사원, 일류사원에 의해 만들어지는 것이다. 그러면 일류사원이란 과연 어떤 사람을 말하는 것일까? 일류사원이 되는 요건을 살펴보면 다음과 같다.

① 전문분야를 공부한 사람
② 사람 만나기를 좋아하는 친화적인 사람
③ 건강한 사람

당신은 과연 우수인력이면서 좋은 직장을 원하는가? 아니면 우수인력도 아니면서 좋은 직장만을 원하는가?

중요한 사실은 언제까지나 좋아하는 일을 찾으려 애쓰지 말고 지금 하고 있는 일을 좋아하려 애써야 한다는 것이다. 그것이 대량실업 시대에 좋은 직업을 찾는 요령이다.

좋은 직장은 내가 만든다.

어느 날, 한 벤처기업에 다니던 헛똑똑 씨가 다른 회사로 이직하기 위해 사표를 냈다. 그런데 헛똑똑 씨가 떠나면서 던진 한 마디가 그 회사 사장의 가슴에 못을 박았다.

"저는 좋은 회사에 다니고 싶습니다. 좋은 직업을 가지고 싶구요."

그러니까 그는 결국 나쁜 회사를 떠나겠다는 얘기가 아닌가!

그만 둘 때 그만 두더라도 자신이 지금까지 다니던 회사를 나쁜 회사로 몰아세우는 것은 현명하지 못한 행동이다. 그렇다면 헛똑똑 씨는 무슨 근거로 본인이 다니던 회사를 '나쁜 회사' 로 생각했던 것일까?

월급이 적어서? 만약 그렇다면 월급을 더 많이 받을 수 있도록 더욱 더 열심히 제안하고 실적을 내려 애썼는지 묻고 싶다. 아니면 유명하지 않은 회사여서? 생긴 지 얼마 되지 않은 벤처회사의 지명도를 높이는 일은 바로 헛똑똑 씨 같은 사원들이 힘을 모아 했어야 할 일이 아니었던가?

그렇다면 과연 어떤 직업이 좋은 직업이란 말인가? 어떤 회사가 좋은 회사인가?

결론적으로 말하자면 좋은 직업은 따로 있는 것이 아니다. 직업은 우리에게 돈과 생명의 연장을 주는 샘터인 셈이다. 그 샘터를 옹달샘으로 만들 것인지 아니면 하수구로 만들 것인지는 본인의 마음에 달려 있다.

물론 직장이 나를 위해 무엇을 해줄 것인지를 바라는 것은 그리 나쁘지 않다. 하지만 무조건 바라는 것이 아니라 자신의 바람이 타당한 것이 될 수 있도록 노력하는 자세가 당당한 것임을 인식해야 한다.

좋은 동료와 함께 근무할 확률은 100분의 1이라고 한다. 그러므로 무작정 그러한 행운을 기대하기보다는 스스로 그러한 행운을 주는 사람이 되는 것이 좋다. 당신 자신이 좋은 동료가 됨으로써 주위 사람들에게 먼저 행운을 주는 것이다.

오늘은 당신이 좋은 동료가 되기 위해 계획을 한 번 세워보라. 그리고 내일은 멋지게 실천을 해보라. 그러면 한 달 후에는 많은 사람들이 '자신이 행운아' 라는 사실을 느낄 수 있게 될 것이다.

나쁜 생각 – 이기적인 사람

어느 날, 종합병원에서 진료를 끝내고 약국에서 약을 타기 위해 번호표를 제출하고는 무료하게 기다리고 있었다. 그런데 창구에서는 한 명의 약사만이 바쁘게 손을 움직이며 약을 봉투에 담고 또한 전광판에 번호를 입력하고 있었다. 그 직원은 해도 해도 끝이 없는 일에 지치고 힘들어 보였지만, 그런

내색을 하지 않으려 애쓰는 것 같았다.

나는 그 뒤 쪽을 둘러보았다. 그 곳에서도 역시 몇 명의 직원들이 약을 조제하느라 정신없이 바쁘게 움직이고 있었다. 그들 역시 환자들을 기다리게 하고 싶지 않은 모양이었다.

그런데 약을 봉투에 담고 있는 직원 옆에는 또 다른 창구가 하나 더 있었는데 거기에는 번호표와 처방전을 받아 정리하는 직원이 낙서를 하면서 전화로 잡담을 하고 있었다.

다른 동료들이 얼마나 힘들어하는지, 무료하게 기다리고 있는 환자들의 심정이 어떠한지에 대해 조금만 관심을 기울여준다면 조금씩 힘을 덜어줄 수 있지 않을까?

고객입장에 서면 서비스 아이디어가 보인다.

살림을 하다 보면 집안의 대소사를 미리미리 정해 두고 그것에 맞춰 준비하게 된다. 특히 집안에 경사가 있을 때에는 몇 달 전부터 꼼꼼하게 준비를 하므로 그다지 문제될 것이 없다. 하지만 갑작스럽게 발생하는 조사의 경우에는 여간 당황스럽지 않다.

뿐만 아니라 장례식 관련업체들의 지나친 횡포로 장례식 한 번 치르는데 들어가는 비용이 그야말로 장난이 아니다. 엿장수 마음대로 부르는 게 값인 줄 알면서도 '울며 겨자 먹기'로 어쩔 수 없이 당하고 마는 것이 우리네 현실인 것이다.

그런데 반갑게도 삼성서울병원이 장례관련업자들의 압박을 물리치고 바가지 없는 좋은 품질의 물건들을 저렴한 가격에 이용할 수 있도록 장례문화를 선도하고 있다는 소식이다. 만약 그 병원에서 고객들의 입장에 서서 고민하지 않았다면 우리나라의 장례문화에 변화가 찾아들기는 어려웠을 것이다.

장례식과 관련하여 그야말로 해외토픽 감이 될 만한 뉴스가 있다. 죽은 사람의 시신을 안장하는 관을 짤 때, 생전의 고인의 개성을 표현하고 그를 추모할 수 있는 방법을 연구하는 사람이 있다는 게 바로 그것이다. 호주의 로버트 휴즈는 고인의 생전 직업이나 관심분야를 관의 디자인에 반영하여 사람들의 관심을 모으고 있다.

예를 들어 자동차 수집에 열광했던 부자의 관은 벤츠의 디자인을 본뜨고, 유명한 권투선수의 관은 흰색 권투 글러브 모양으로 만드는 것이다. 바나나 농장주의 관은 당연히 바나나 모양으로, 엄숙한 성직자의 관은 성경책 모양으로 만들어진다.

어찌 보면 짓궂은 장난 같기도 하지만 실제로 남아프리카 가나공화국의 한 부족에게 그러한 풍습이 있다고 한다. 그런 관에 담긴 의미는 죽은 사람의 생전 모습과 개성을 관에 그대로 담아내 고인의 가는 길을 축복한다는 것이다. 그리고 여기에 예술적인 감각을 접목해 만들어진 휴즈의 관은 상류층을 주 고객으로 매우 높은 가격에 팔리고 있다고 한다.

장례식에서 고인의 죽음만을 애도하던 사람들이 이제 망자의 생전 모습을 떠올리며 가는 길을 축복하게 되다니. 고객의 입장에 서서 생각해 보면 아이디어는 무궁무진하게 쏟아질 수가 있다.

성공하는 조직은 시끄럽다!

성공하는 조직은 시끄럽다. 활발하고 솔직한 커뮤니케이션은 기업 문화의 중요한 요소인 동시에 기업 경쟁력의 원천이라고 할 수 있다. 어찌 보면 너무나 기본적이고 당연한 것이지만 우리 기업들에게 가장 부족한 것이기도 하다. 우리 기업들은 지금보다 조금 더 시끄러워질 필요가 있다.

외국계 기업에서 20여 년간 고위 경영진으로 근무하다 은퇴한 한 경영자가 한국 기업에게 가장 부족한 것은 활발하고 솔직한 커뮤니케이션이라는 말을 한 적이 있다. 우리 기업들의 커뮤니케이션 현황을 잘 보여주는 단적인 예가 바로 기업체의 회의다. 우리 기업들이 회의를 하는 모습을 살펴보면, 크게 두 가지 특징을 발견할 수 있다.

첫째, 업무 진척도를 파악하거나 성과 평가를 하는 등의 보고성 회의는 많지만, 아이디어를 내기 위한 브레인스토밍을 위한 회의나 중요한 의사 결정을 내려야 되는 회의는 상대적으로 적다는 것이다. 또 다른 특징은 대개의 경우, 회의 중에 이야기를 하는 사람은 딱 두 사람이라는 것이다. 앞에서서 프레젠테이션을 하는 발표자와 회의 참석자 중 가장 높은 사람, 이렇게 두 사람만이 이야기를 한다. 더 큰 문제는 이 두 사람간의 대화마저도 대체로 윗사람이 질문을 하면 발표자가 그에 대해서 대답하거나, 지적 사항에 대해 거의 무조건적으로 수용하는 식으로 이루어진다는 것이다. 다른 참석자들은 그저 침묵하고 있을 뿐이다. 높은 사람이 참석하여 중요한 의사 결정을 내리는 회의일수록 치열한 논쟁을 통해서 가장 최선의 의사 결정을 이끌어 내야 함에도 불구하고 높은 사람이 참석하는 회의일수록 더욱 조용하다. 이런 것을 과연 회의라고 할 수 있을까?

이런 식의 피상적인 대화와 침묵은 조직 전반에 널리 퍼져있는 듯 하다. 올해 LG경제연구원이 국내 기업들을 대상으로 한 설문 조사 결과를 보면, 회사의 문제점을 솔직하게 지적하고 이에 대해 토의할 수 있는 개방적인 커뮤니케이션 문화가 정착되어 있다는 응답은 35% 수준에 불과한 것으로 나타났다.

뛰어난 경영자로 명성이 높은 래리 보시디는『실행에 집중하라』라는 그의 저서에서 대화는 기업 문화의 핵심이며, 업무의 기본적인 요소라고 이야기하고 있다. 구성원간의 대화가 어떤 식으로 이루어지느냐에 따라 조직의 미래가 결정된다고 해도 과언이 아니라는 것이 그의 생각이다.

솔직한 대화가 이루어지지 못하는 조용한 회사의 경우, 겉으로 보기에는 별다른 문제가 없어 보일 수도 있다. 하지만 이는 물위에 떠 있는 빙산의 일부만을 볼 수 있기 때문이며, 수면 아래에는 수많은 문제점들이 감춰져 있을 가능성이 높다. 또한 조용한 기업들은 현실에 대한 인식을 제대로 할 수 없으며, 그 결과 잘못된 의사 결정을 내리게 되어 쇠락의 길을 걷게 될 가능성이 높다. 한편 조용한 회사의 구성원들은 자신의 믿음이나 생각을 표현하지 못하는 현실에 대해 좌절 굴욕, 분노 등의 부정적인 감정을 느끼게 되어 일에 대한 몰입이 떨어진다. 또한 침묵으로 인하여 구성원들 간의 상호 작용이 감소하게 되고, 이는 다시 창의력과 생산성의 감소라는 부정적인 결과를 불러 온다.

반대로 솔직한 대화가 이루어지는 시끄러운 회사는 조직 내에 문제가 생기는 즉시 이를 알아차릴 수 있으며, 현실을 바탕으로 올바른 의문을 제기하고, 이를 토대로 최선의 해결책을 찾아 낼 수 있다. 그 구성원들 역시 문제제기나 치열한 논의 등의 과정에서 자신들의 생각을 충분히 이야기할 수 있기 때문에 일이나 회사에 대한 몰입도가 높으며, 자연스럽게 업무의 효율성이나 회사의 성과도 높다.

고성과 조직이나 일하기 좋은 기업으로 명성이 높은 GE, 사우스웨스트, 컨테이너스토어 등의 기업들을 보면 한결같이 활발한 커뮤니케이션이 이루어지고 있음을 알 수 있다.

우리 기업들은 왜 조용한가? 활발하고 솔직한 커뮤니케이션이 가지는 중요성과 효과를 모르는 기업은 없을 것이다. 우리 기업들도 조직 내에 원활한 커뮤니케이션이 이루어지게 하기 위해서 다양한 노력을 기울이고 있다. 예를 들어, CEO와 일선 사원들 간의 대화의 장을 만든다거나, 사내 인트라넷에 익명으로 자유롭게 의견을 제시할 수 있는 게시판을 만든다거나 하는 노력들이 그 예라고 할 수 있다. 하지만 이런 다양한 노력에도 불구하고 아직 우리 기업들이 조용한 데는 여러 가지 이유가 있다고 여겨진다.

· 침묵이 미덕?

첫째, '침묵이 미덕'이라는 동양적인 사상의 영향이다. 동양적인 문화에서 보면 말이 적은 사람을 선호하는 경향이 있다. 말을 아낄 줄 아는 사람들은 종종 겸손하다거나, 타인을 존중할 줄 안다거나, 생각이 깊다는 등의 칭찬을 받게 된다. 반면, 말이 많은 사람은 경망스럽다거나 생각이 깊지 못하다거나, 믿을 수 없는 사람인 것처럼 인식되곤 한다.

· 모난 돌이 정 맞는다.

둘째 '모난 돌이 정 맞는다.' 는 옛 속담처럼 주변의 다른 사람들은 다 가만히 있는데 혼자서 자신의 솔직한 생각을 이야기할 경우 불이익이 돌아올 수 있다는 인식이 조직 내에 팽배한 경우에 구성원들은 침묵을 선택한다. 속된 말로 상사에게 찍혀서는 안 된다는 생각을 하게 되기 때문에 좀 마음에 들지 않거나 동의할 수 없는 경우에도 이야기를 하지 않는 것이다. 누군가 이야기를 해 주기를 바라지만 그 누군가가 자신이 될 필요는 없다고 생각하는 것이다.

· 눈치 보기

셋째, 높은 사람들의 눈치를 보기 때문이다. 다시 말해 직장을 잃지 않고 승진하기 위해서는 높은 사람들의 생각이 어떤 것인지도 모르는 상태에서 괜히 나서지 않는 것이 가장 안전한 방법이라는 것을 암묵적으로 공유하고 있기 때문인 것이다. 더구나 오늘날의 경기 침체는 구성원들의 이러한 생각을 더욱 굳건하게 만들고 있는 듯 하다.

조용한 조직을 시끄럽게 하자

몰락해가던 IBM에 루 거스너가 막 부임했을 당시 IBM사의 경영위원회 모습은 우리 기업들의 회의 모습과 크게 다르지 않았다고 한다. 경영진들은 발표자의 보고를 듣기만 할 뿐 토의는 이루어지지 않았다고 한다. 이에 크게 실망한 루 거스너는 OHP 스위치를 끄는 '딸깍' 소리가 온 세상에 들리겠다고 비꼬면서 회의를 중단했다고 한다. 그후 루 거스너는 형식적인 회의는 하지 않겠다고 천명하고, 조직 전반적으로 활발한 논의가 이루어질 수 있는 분위기를 만드는 데 많은 노력을 쏟았고 그 결과 거대한 코끼리를 춤추게 할 수 있었던 것이다.

변화와 혁신을 바라는 우리 기업들에게도 가장 우선적으로 필요한 것은 조직을 보다 시끄럽게 만드는 것이다. 지금부터는 조용한 조직을 어떻게 시끄럽게 만들 수 있을지 생각해 보기로 하자.

5. 휴먼터치로 피가 통하는 조직을 만들어라

대부분의 사람들이 남의 장점보다는 약점을 훨씬 더 잘 잡아낸다. 칭찬은 제대로 하지 않고 넘어가면서 잘못된 점은 꼭꼭 집어서 핀잔을 주거나 화를 낸다.

당신도 그렇지 않은가? 우리 회사는? 곰곰이 당신의 지난날들을 한번 생각해 보라. 당신이 어떤 일을 잘 마무리 했을 때 주위에서 어떤 반응이 있었는지를……. 아마 그냥 덤덤히 아무 일 없었다는 듯이 넘어갔을 것이다. 하지만, 뭔가 실수했을 때를 생각해 보라. 여기저기서 들려오는 질책과 의심의 눈초리들……, 끔찍하지 않은가?

너무 비판적으로 봐서 그런지 모르겠지만, 그러나 이것이 현실이다. 대부분 사람들이 실수하는 건 없는지, 잘못하고 있는 건 아닌지 등등. 칭찬보다는 약점을 잡아내는 데 익숙해져 있다. 가정에서, 학교에서, 직장에서…….

모든 것을 긍정적인 면에서 보고, 긍정적으로 생각하자. 잘못된 점은 슬며시 넘겨버리고, 잘된 점은 즉시! 구체적으로! 칭찬한다.

물론 잘못된 부분까지 칭찬하라는 것은 아니다. 어떤 이의 실수나 잘못을 발견했을 경우, 그 실수를 문제삼지 않고 다른 긍정적인 방향으로 에너지를 전환하도록 유도한다는 것이다. 그리고 조금이라도 잘 하는 점이 있다면 나중을 기약하지 말고 그 즉시 구체적으로 칭찬해야 한다. 또한 계속 그 부분을 잘 할 수 있도록 격려하자.

세상에는 긍정과 부정이 공존한다. 대부분의 사람들은 부정적인 것에 관심을 둔다. 그럴 수밖에 없다. 텔레비전을 틀어도, 신문을 펴도, 부정·부패, 사건·사고에 관한 기사가 대부분을 차지한다. 대부분 많은 사람이 부모님으로부터, 어른들로부터, 선생님으로부터 들어온 얘기는 이거 하지마라, 저거 하지 마라, 다친다. 안 된다는 부정적인 말뿐이었다.

언젯적부터 만들어졌을지 모를 이러한 문화가 결국 사람들을 이렇게 세뇌시켜 놓았다. 나는 하루에 얼마나 사람들의 긍정적인 면만을 보는가?

긍정적인 면을 강조하라.
잘한 일에 초점을 맞춰라.
벌을 주지 말고 시간을 주어라.
과정을 칭찬하라.

"모든 사람을 자신의 후원자 대하듯 대하라."
나를 지지해 주고 후원해 주는 사람에게서 결점을 찾아내기란 정말 힘들다. 획일적 모임 즉, 사장—부장—과장—대리—사원과 같은 라인에서도 서로의 불신에 몸서리를 치고 있는 경우가 허다하다.

어떤 일을 시키고 난 다음에 잘 해내리라고 기대만 하지 정작 생각하고 있는 것은 잘못 해내면 어떤 제재를 가해야 하는지에 대해서 먼저 고민하는 것이 사실이다. 즉 잘한 것에 대한 인정보다는 못한 것에 대한 상대적 승리감, 자만감에 빠지기를 좋아하는 상사들이 많다는 것이다. 나도 그렇게 한 점에 대해서는 예외일 수가 없다. 어쨌든 잘못되거나 기대 이하의 결과가 나올 때는 다음과 같은 방법을 쓰자.

결과치에 대한 고생했던 그 과정의 노력을 인정하고 칭찬하라. 그러면서 나와 부하직원이나 같은 직원이고 같은 배를 탄 동료로서의 정을 느끼게 하라는 것이다. 그 다음 절차가 "난 단지 ○○가 이러이러한 기대치가 나오기를 바라네. 이번엔 이러 이러한 방법으로 재시도를 해보게."라고 다시 한 번 기회를 주고 용기를 불어넣어 주자.

그리고 수직적인 사회 말고도 동료나 적대적 또는 우호적 거래처의 담당자 중에서도 나를 시기하거나 내가 시기하는 대상이 있을 수도 있는데, 이들 또한 인정하고 동료애를 보여준다면 반드시 그에 대한 반응은 절대적으로 과거와는 다를 것이다.

내가 먼저 칭찬할 마음으로 다가간다면 상대방이 처음에는 이상하게 생각할 수도 있겠지만 그 마음이 진실이라면 상대방은 언젠가는 그 마음에 대한 표현을 어떤 방식으로든 하게 된다는 것이다. 그리고 내가 당하는 입장에 있더라도 우회적 방법으로 피해가는 것이 제일 좋은 방법이다.

모든 일에는 시간적인 투자가 있을 수밖에 없다. 이러한 시간적인 문제 때문에 사람들은 아웅다웅 싸우고 시기하고 밀쳐내려고 안간힘을 쓰고 있는 듯 하다. 누구나 다 제한된 시간 내에 뭔가를 하려다 보니 나 외의 모든 것은 그저 방해물로만 보이지 않나 하는 생각이 든다.

옛말에 누가 내 험담을 하면 왼쪽 귀가 간지럽고, 누가 내 칭찬을 하면 오

른쪽 귀가 간지럽다고 했다. 이는 그리스 신화에 나오는 Pliny 신의 수호천
사에서 유래한다.

이 수호천사들은 사람들이 어느 개인에 관하여 칭찬을 할 때는 오른쪽 귀
를, 험담을 할 때는 왼쪽 귀를 만져 줌으로써 '즐거움이나 경고의 메시지'
를 전달했다고 한다. 아무쪼록 나의 왼쪽 귀가 간지러운 것은 달갑지 않을
것이다.

타인의 장점을 잘 파악해서 적절하게 표현하는 칭찬의 기술이 탁월한 사
람이라고 다른 사람들이 나를 그렇게 칭찬할 수 있도록 해보자. 나의 오른
쪽 귀가 간지러운 것은 물론 자신의 심장이 뜨거워지면서 자신의 존재감을
새삼 느낄 수 있으리라.

행복이란 같은 취미와 같은 의견을 가진 사람들의 교제로써 축적된다. 인간적 행복을
원하는 사람은 칭찬을 더 많이 하고 시기심을 줄여야 한다.

―러셀

카리스마 리더십, 알고 보니 서비스 리더십

신입사원, 이럴 때 이직을 생각한다.

신입 직장인이 이직을 고려하는 가장 큰 원인은 기업과 업무의 비전이 보
이지 않을 때인 것으로 나타났다.

1월 21일부터 31일까지 취업정보 사이트 잡링크(www.joblink.co.kr)에서

회원 731명을 대상으로 '이직을 생각하게 하는 원인'에 대한 설문조사를 실시한 결과 회사와 업무의 비전이 보이지 않을 때 이직을 생각한다는 사람이 415명(56.8%)으로 가장 많았다.

금전적 보상이 적을 때가 140명(19.2%)으로 뒤를 잇기는 했지만, 1위와 차이가 많이 나는 것은 요즘 젊은 직장인들이 직장을 자아실현을 위한 장으로 인식하는 경우가 많아졌기 때문이라고 분석된다.

매일 야근해야 할 때(77명, 10.5%)와 자기계발 기회가 적을 때(58명 7.9%), 실직 불안감이 감돌 때(41명, 5.6%) 이직을 생각한다는 의견도 있었다.

박은정 기자 pej1121@mydaily.co.kr [출처 : 마이데일리 2005-02-02]

조직의 리더로부터 명확한 비전 제시와 동기 부여를 받는다면 이직률은 확실히 극감할 것이다. 그만큼 리더의 중요성은 아무리 강조해도 지나치지 않다.

내부 고객이 리더에게 고객으로 대접을 받고 만족을 느끼면 그것을 토대로 외부 고객에게 만족과 감동을 줄 수 있는 서비스를 제공한다.

무엇보다 수평적 사고를 중요시 하는데, 왜냐하면 그러한 사고를 바탕으로 서로에게 서비스를 해야만 진정한 고객 만족이 이루어질 수 있기 때문이다.

특히, 리더는 수직적 구조가 아닌 수평적 구조의 중심에 서서 자신의 내부 고객인 파트너에게 외부 고객에게 서비스하듯 최선의 서비스를 하는 서비스맨이 되어야 한다. 다시 말해 외부 고객이 서비스맨의 파트너이듯 내부 고객인 부하 직원도 파트너가 되어야 하는 것이다. 이러한 이론을 표면적으로 강하게 제도화한 사람이 바로 미국 사우스웨스트 항공사의 허브 켈러 사장이다.

직원 만족 없이 고객 만족이 있을 수 없다는 사실을 잘 알고 있던 그는 직원들의 고민을 부분적으로나마 해소시킬 수 있는 제도를 만들었다.

서비스를 제공하는 사람들은 종종 딜레마에 빠지는 경우가 있다. 무조건 우기는 고객이나 욕을 하는 고객에게까지도 조건 없이 충성해야 하는 시스템 때문이다.

그들은 속으로는 울화가 치밀어도 겉으로는 미소를 짓고 "네, 고객님의 말씀이 천 번이고 만 번이고 지당합니다!"라고 말할 수밖에 없는 회사의 제도에 한숨을 쉬고 또 내쉰다. 이 사실을 잘 알고 있던 켈러 사장이 그러한 딜레마를 해소시켜 준 것이다.

만약 웨스트 직원들에게 욕을 하는 고객이 있으면 그는 그들에게 직접 연락을 한다. 그러고는 "귀하가 계속 우리 직원들에게 지나치게 무례한 태도를 보인다면 저는 귀하가 사우스웨스트 항공과 더 이상 거래하지 않기를 바랍니다."라고 말한다. 즉, 그가 직접 고객에게 연락하는 이유는 그들을 달래기 위해서가 아니라 그들을 내쫓기 위해서이다.

켈러 사장은 이렇게 말한다.

"미국에서 광적으로 신봉하는 것 중의 하나는 '고객이 항상 옳다는 것'이다. 하지만 그것은 잘못된 것이다. 이는 회사의 직원들을 배신하는 것이라고 할 수 있다. 고객이 항상 옳은 것은 아니다."

그렇다! 진정한 리더는 직원들의 아픔을 알고 고객답지 못한 고객으로 인해 직원들의 마음이 멍들어가는 것을 치료할 줄도 알아야 한다. 설사 그것이 일부 고객을 잃는 결과를 초래하더라도 말이다.

그렇다면 고객답지 못한 고객이란 어떤 사람을 말하는가? 예를 들어 살이 쪄서 고민에 빠진 딸이 적당한 식이요법과 운동을 해야 한다는 부모의 조언을 무시하고 계속 살이 찌는 것이 두려워 물과 뻥튀기만 먹는다고 가정해 보자. 이 경우, 부모가 딸의 뜻에 끌려간다면 딸은 영양실조에 걸려 병원 신세를 져야 할 것이다.

이때 부모는 딸이 건강하게 다이어트에 성공할 수 있도록 설득해야 할 것이다. 하지만 딸이 전혀 말을 듣지 않는다면 다른 조치를 취해야 한다. 딸의 고집이 잘못된 것임을 증명할 수 있을 만한 뭔가를 찾아야 하는 것이다.

그대로 가면 큰 위험에 빠질 수 있음을 믿을 만하게 예고해 줄 수 있는 의사에게 데려 간다거나 그밖에 다른 방법을 찾아보아야 한다.

사랑스런 딸이라고 해서 무조건 딸의 의견에 따른다면 그 결과는 불을 보듯 뻔하다. 사랑스런 딸을 영원히 잃을지도 모른다는 것을 잘 알면서도 딸이 원하는 대로 해준다면 진정한 부모라고 할 수 없다.

이것은 고객을 대하는 기업도 다를 바가 없다.

물론 기업의 입장에서는 가능한 한 고객들에게 친절과 관심을 보이고 고객이 원하는 바를 해결할 수 있도록 최선을 다해야 하는 것이 옳다. 하지만 무대포로 이기적인 고객이 자기 입장만 내세우면서 서비스 제공자를 무시하고 짓밟으려 한다면 대책이 필요하다.

고객에게 짓밟힌 서비스 제공자도 리더에게는 고객이다. 무대포 고객 때문에 선량한 고객을 해칠 수는 없는 노릇이다. 따라서 현명한 리더라면 무대포 고객은 과일상자에서 썩은 과일을 골라내듯 가려내야 한다. 그것을 잘 가려내 현명하게 분리시킬 줄도 알아야 하는 것이다.

서비스는 어디까지나 '감성의 노동' 이다. 그러므로 서비스 제공자는 자신의 여러 가지 역량 중에서 '감정' 을 소중히 여기고 잘 보호하며 관리해야 한다. 물론 '고객은 항상 옳지만' 설사 그럴지라도 서비스 제공자가 고객에게 피해를 입을 필요는 없다. 무대포 고객으로 인해 다른 고객과의 소중한 거래관계가 방해를 받는다면 무대포 고객은 그 존재 가치도 없어진다. 그래서 켈러 사장은 과감하게 무대포 고객들을 내쫓을 준비를 했던 것이다. 하지만 고객을 내쫓을 만한 적법성이 뒷받침되지 않는다면 문제가 발생할 수도 있으므로 다음의 세 가지 사항을 심사숙고해야 한다.

1. 명확히 구성된 절차
직원의 임의대로 고객을 파면하면 안 된다. 고객을 파면할 조건과 방법이 충분히 문서화되어야 하고 직원훈령으로 명시되어야 한다.

2. 중간 관리자의 관심
서비스업의 핵심적 성공요소 중의 하나인 '권한 부여' 도 중요하지만, 고객을 파면하는 과정에 중간 관리자가 반드시 참여해야 한다.

3. 종사원과 관리자간의 상호 이해
고객을 파면하는 것은 지극히 무례한 고객의 요구를 만족시키지 못하

는 상황에서만 적용되는 것으로 관리자와 직원들이 서로 충분히 이해해야
한다.

■ 업그레이드 파워서비스

리더의 행동강령

1. 리더인 나부터 먼저 변한다.

리더가 열과 성을 다해 노력하는 감동의 전율은 조직의 구성원들이 함께
뛸 수 있는 분위기를 만든다.

2. 디지털 시대의 리더는 새로운 성공 공식을 세운다.

리더는 한계 인식을 극복하고 그것에 도전해야 한다. 리더가 한계 인식에
대한 극복의 노력이 부족하고 대책도 없다면 실패는 자명하다.

3. 리더의 업무는 연구, 검토가 아니다. 최고의 키워드는 결단과 선택이다.

4. 휴먼터치로 피가 통하는 조직을 만든다.

문제가 있는 사람이라고 단정을 내리기 전에 적당한 이슈 관리를 통해 휴
머니티를 느끼도록 노력해야 한다.

5. 부하를 또 다른 리더로 키우는 것이 리더의 역할이다.

리더는 리스크관리를 하고 전략과 전술을 구사하며 부하 직원을 나보다 더 멋지게 육성하고 지도해야 한다.

6. 조직이 성과를 내지 못하는 것은 리더 탓이다.

6. 고객의 기대를 읽고 관리에 힘써라

서비스의 품질은 '서비스에 대한 고객의 기대와 고객들이 서비스를 받고 나서 그 서비스에 대해 느끼는 수준과의 차이'로 정의된다.

요즘 한창 주목을 받고 있는 영화 '실미도'나 '태극기 휘날리며'의 서비스 품질은 고객들이 어떤 기대를 가지고 극장을 찾고 또한 영화의 장면, 또 그 장면을 보면서 느끼는 전반적인 느낌이나 평가가 기대에 어느 정도로 부응하는지에 달려 있는 것이다.

광고나 선전 등을 보고 혹은 주변 사람들의 영화에 대한 평가를 듣고 가졌던 기대보다 그 영화가 주는 감동이 컸다면 고객들은 그 영화를 '고품질의 서비스'로 평가할 것이다.

하지만 너무 재미있을 것 같아서 금쪽같은 시간과 돈을 쪼개고 쪼개어 찾은 영화가 기대보다 감동이 낮으면 '저품질의 서비스'로 평가하게 된다. 그렇다면 서비스 제공자에게는 '어떻게 하면 고객의 기대를 관리할 수 있을까'라는 숙제가 남게 된다.

바로 그 방법 중의 하나가, 고객을 위해 열심히 노력하고 그러한 노력을 표현하는 것에 있다.

내가 자주 가는 병원에 친절하기로 소문난 최 간호사가 있다. 소문 때문인지 유달리 그녀를 관찰하게 되었는데, 직업이 직업인지라 다른 사람과 비교까지 하게 되었다.

내가 병원에 갔던 그 날, 최 간호사는 환하게 미소를 지으며 환자들을 돌보고 있었다. 그때, 어떤 할머니가 갑자기 소리를 질렀다.

"아니, 이것들이! 지금 내가 얼마나 많이 아픈데 아직까지도 진찰을 안 해 주는 거야. 의사 선생은 대체 내가 이렇게 기다리고 있다는 것을 아는 거야 모르는 거야!"

그러자 다른 간호사들이 미소를 지으며 말했다.

"할머니는 병원에 오신 지 아직 5분도 안 되었잖아요. 여기 앉아 있는 다른 분들은 한 시간도 더 기다렸다고요."

이 말을 듣고 더 화가 났는지 할머니의 음성은 한 옥타브가 더 올라갔다.

"아니, 그럼 나더러 한 시간이나 더 기다리라는 거야 뭐야!"

그때, 곁에 있던 최 간호사가 화를 내는 할머니에게 다가갔다.

"할머님, 많이 기다리셨죠? 제가 의사 선생님께 할머님이 많이 아프시다고 말씀드릴게요. 조금만 기다리세요."

그러더니 진찰실로 들어갔다가 2분 정도 지난 후에 나와서 할머니께 말했다.

"할머님, 의사 선생님께 말씀드렸어요. 그런데 의사 선생님이 많이 걱정하시네요. 먼저 오신 환자분이 많다고요. 어쨌든 빨리 하시겠다니까 조금만 더 기다려 주세요."

그 말을 듣고 있던 할머니의 안색은 금방 밝아졌다. .

“그래? 의사 선생님이 그랬다고? 그럼, 좀 더 기다리지 뭐.”

그렇다. 최 간호사는 환자의 마음을 잘 알고 있었다. 병원을 찾은 환자는 누구나 할 것 없이 불안하고 초조한 마음이 가득하다. 그리고 ‘혹시 병원에 있는 의사나 간호사가 나의 존재를 잊지는 않았을까’를 걱정하고 염려한다.

기다리는 것이 지루하고 힘든 게 아니라 무관심이 견디기 어려운 것이다. 그러므로 그 마음을 조금이라도 헤아려 주면 된다. 다른 환자보다 앞서 치료해 줄 수는 없더라도 걱정하는 환자의 마음을 읽고 보듬어줄 필요는 있는 것이다.

무엇보다 중요한 것은 그것을 마음으로만 하는 것이 아니라 표현하고 또 표현하는 것이다. 나중에 안 일이지만 최 간호사는 진찰실에 들어가 의사선생님께 아무 말도 하지 않았다고 한다. 다만, 본인이 할머니를 위해 뭔가를 하고 있다는 것을 표현함으로써 할머니의 마음을 편하게 해드리고 싶었던 것이다.

바로 이런 마음이 필요하다!

이 정도는 조금만 마음을 쓰면 누구라도 충분히 할 수 있는 일이 아닌가. 이처럼 고객과 서비스맨의 관계에서 고객들이 서비스맨의 수고를 이해하고 인정해 주면 고객은 재방문이나 재구매 그리고 문제가 발생했을 때 굳이 따지지 않고 그럭저럭 넘어가는 충성으로 보상해 준다.

그렇다면 이제는 ‘어떻게 하면 우리의 노력을 고객에게 전달할 수 있을까?’ 하는 문제가 남는다. 고객을 위해 서비스 전략을 세울 때에는 다음 사항들을 체크해 보아야 한다.

■ 업그레이드 파워서비스

고객 서비스 전략 체크 포인트

1. 고객들이 가장 시급하게 필요로 하는 서비스부터 실천한다.

위의 사례에서 할머니는 자신의 말에 귀를 기울여 주고 공감해 주는 사람을 필요로 했다. 이때, 말로만 공감을 하는 것이 아니라 고객을 위해 서비스 제공자가 열심히 노력하고 있다는 것을 행동으로 보여주는 것이 포인트가 된다.

2. 서비스 제공자의 힘이 미치지 못하는 영역은 미리 고객들에게 알린다.

만약 할머니가 최 간호사의 서비스에 만족하지 못하고 지금 당장 치료를 받게 해달라고 한다면 그때에는 간호사나 의사가 할 수 있는 영역의 일이 아님을 정중하게 알려줘야 한다. 단, 이럴 경우에는 말의 내용은 정확하고 예리하게 하되 표현만큼은 부드럽게 해야 한다.

할머니가 우긴다고 원하는 대로 해준다면 모든 고객들이 우기면 된다는 판단 하에 무조건 우기게 될 것이다. 모든 고객이 평등하게 대우받고 있다는 느낌을 주기 위해서는 항상 예외를 만들지 않는 서비스 철학이 필요하다.

3. 서비스 제공자는 부드럽고도 일관된 모습을 보여주어 신뢰감을 형성해야만 한다.

어떤 상황에서든 서비스 제공자는 감정 조절에 실패하지 않아야 한다. 본인의 감정을 컨트롤하지 못하고 평형성을 잃어버리는 순간, 그 동안 쌓아온 신뢰감에는 영원히 다시 붙일 수 없는 금이 생긴다는 것을 명심해야 할 것이다.

물론 최고가 되는 것도 어려운 일이지만, 그보다 더 어렵고 훌륭한 것은 최고를 유지하는 일이다. 미인이 한 번 찡그리면 그 모습이 크게 각인되는 것처럼 서비스 제공자가 감정 조절에 실패하면 그 실망감은 보통 사람의 몇 배가 된다는 것을 항상 기억해야 한다.

4. 고객을 공범자(?)로 만든다.

나를 믿고 나를 배신하지 않게 하려면 공범자(?)로 만드는 것이 가장 확실하다. 서비스 제공자가 하는 일에 고객이 참여할 수 있도록 한다면 고객의 만족도는 한층 더 높아질 것이다.

서비스를 제공받은 고객에게 가장 좋았던 서비스나 가장 나빴던 서비스에 대해 표현할 수 있도록 기회를 주고 꾸준히 감사의 표현을 하라. 이때, 그 고객의 의견을 적극 수렴하여 결과를 알려주어야 한다. 그러면 고객의 의견이 반영된 서비스 조직을 보고 고객은 동질감을 느낄 것이다. 더불어 서비스 조직이 발전하면 고객의 영향이라고 뿌듯해 할 것이다. 반대로 서비스 조직이 발전하지 않으면 또 한 번 책임감을 갖고 발전을 위한 제안을 할 확률이 높아진다.

5. 사후 고객관리에 힘쓴다.

요즘에는 간호실명제를 통해 퇴원환자 관리를 하는 병원이 생기고 있다.

대표적으로 J병원에서는 퇴원하는 환자에게 병동 간호사의 명함을 나눠주고 있는데, 이는 퇴원하는 환자들이 해당 질병에 대해 궁금한 것이 있을 때 전문상담을 할 수 있도록 배려한 것이다.

의료기관을 이용하거나 입원 생활을 해본 사람이라면 누구나 복잡하고 거대한 병원 조직에 덩그러니 남겨진 막막함과 수백, 수천 명의 환자들 중에 홀로 있는 것 같은 소외감 혹은 왜소함을 느껴보았을 것이다.

지금까지 병원은 환자에게 부담스럽고 어려운 장소로 인식되어 왔다. 그런데 최근 들어 병원이 환자들에게 가깝게 다가서려는 노력을 활발하게 전개하고 있다니 반가운 소식이 아닐 수 없다.

J병원의 '간호실명제'도 해당 질병에 대해 궁금증을 가지고 있거나 응급 상황이 발생했을 때를 대비하여 24시간 상담서비스를 제공하기 위한 새로운 고객만족 전술이다. 이 서비스를 통해 병동의 간호사는 퇴원한 환자에게 안부전화를 걸어 개별적인 안부와 진료 후의 상태 또는 불편 등에 대해 질문하고 상담을 해줌으로써 환자와의 지속적인 유대관계 형성을 도모한다.

고객서비스는 이러한 사항에 유념하여 고객으로 하여금 항상 '고객을 위해 노력하고 있다'는 것을 느끼도록 표현하는 것이 중요하다.

당신은 어떠한가? 적극적으로 당신의 서비스를 표현하고 있는가? 지금 곁에 있는 고객에게 그 표현을 느끼고 있는지 물어보라.

서비스맨의 역할과 업무

서비스맨의 가장 기본적인 역할은 무엇일까?

그것은 바로 고객의 문제를 해결해 주는 것이다. 이 역할을 수행하기 위해 고객과 문제해결책 사이에 존재하는 거리를 줄이고자 노력하는 것이 바로 서비스맨의 업무가 된다.

예를 들어 고객과 문제해결책 사이에 있는 거리를 시간으로 측정할 수도 있다. 기다리는 시간이 길수록 고객과 문제해결책 사이는 더 멀어질 수밖에 없다.고객을 기다리게 함으로써 서비스의 질이 저해되는 상황이라면 당신은 어떻게 대처하겠는가?

실제적으로 물리적인 대기시간을 줄일 수 있다면 최상이겠지만, 그것이 불가능한 경우라면 고객이 느끼는 심리적 대기시간을 줄이는 방법이 절대적으로 필요하다.

■ 업그레이드 파워서비스

서비스맨의 센스 트레이닝

고객은 자신을 기다리게 만드는 직원의 잘못을 하나씩 헤아리고 있을지도 모른다.

첫째, 위의 사례에서 할머니가 병원에서 무료하게 기다리면 그 대기시간이 더 길게 느껴진다는 것을 안 최 간호사는 센스를 발휘했다. 예를 들면 팔에 마비증세가 있어서 온 할머니에게 지압봉을 주며 천천히 쥐었다 폈다를 하면 훨씬 더 증세가 좋아질 것이라는 설명을 했던 것이다. 물론 지압봉을 갖고 움직이는 동안 할머니의 표정은 한결 여유 있어 보였고, 기다림의 지루함도 찾아볼 수 없었다.

여기서 고객에게 제공되는 활동은 그 자체가 이익이 되어야 하며 기다리고 있는 서비스 거래와 연관되어야 한다.

둘째, 최 간호사는 할머니의 불안감을 해소시켜 줌으로써 효과를 보았다. 기다리는 고객을 불안하게 하는 요소는 서비스 제공자가 고객의 존재를 잊는 것이다. 그러므로 고객의 이름을 정확하게 불러주어 고객의 존재 그 자체를 재확인해 주는 것도 서비스가 된다.

그러한 서비스는 곧바로 고객이 이곳에 오기를 잘했다는 확신으로 이어진다는 점을 기억해야 한다. 그리고 최 간호사가 했던 중간 확인 메시지는 무엇보다 중요하다. 만약 최 간호사가 열심히 고객만족을 위해 노력했을지라도 할머니에게 중간 메시지를 전달하지 않았다면 그 할머니는 최 간호사가 본인을 위해 했던 일들을 알지 못했을 것이다.

열심히 해놓고 표현하지 않음으로써 고객이 몰라주는 어리석은 일은 하지 말아야 한다.

셋째, 공평하지 않은 기다림은 기다릴 가치를 느끼지 못한다.

어디서든 차례를 지켜야 하는 상황에서는 FIFO(first in, first out - 먼저 온 사람부터)의 개념이 적용되어야 한다. 물론, 예약을 한 환자이거나 누가 봐도 이해가 될 만한 응급환자 같은 경우는 예외다. 하지만 그럴 경우에도 적절한 안내가 절대적으로 필요하다. 본인이 동의를 한 상황에 대해서는 호의적일 수 있으나 아무리 이해가 되는 상황이어도 본인의 동의 없이 이루어지는 일에는 돌맹이를 던지고 싶은 것이 사람의 심리임을 명심해야 한다.

지금 혹시 당신의 대답을 기다리고 있는 고객은 없는지 살펴보라. 만약 있다면 지금까지 말한 요령을 당장 실천해 보라.

7. 완성된 서비스의 힘

우체부 프레드의 삶의 철학

지금 미국인들은 한 평범한 우체부, 프레드를 열렬히 닮고 싶어 한다? 그리고 심지어 그의 이름을 딴 '프레드賞'까지 만들었다?

영화이야기가 아니다. 미국의 실존인물인 우체부 프레드는 미국의 기업과 직장인들에게 특별한 영예의 상징이며 꿈이 되었다. 한 평범한 우체부에게 어떤 특별한 것이 있기에 이렇게 칭송받는 것일까?

마크 샌번의 책 『우체국 프레드』에 그의 이야기가 상세히 소개되어 있다. 이 책을 보면 프레드가 평범하고 초라한 일상을 작은 차이를 통해 빛나는 것으로 만드는 21세기 연금술사라는 사실을 깨닫게 될 것이다.

프레드가 일하는 방식은 무엇인가? 물론 프레드도 다른 우체부들처럼 제복을 입고 우편물을 나른다. 하지만 보통의 우체부들은 그저 '우편물을 배달하는 것'이 자신의 임무라고 생각하는 것과는 달리, 프레드는 우체부와 고객이라는 관계 속에서 우편물은 물론, 행복과 안전함을 함께 전하는 것이 자신의 일이라고 생각한다. 그는 우편함에 우편물이 잔뜩 쌓이는 것은 지나가는 도둑을 부르는 신호나 마찬가지라고 생각한다. 당연히 집에 사람이 없을 때는 자신이 우편물을 따로 분류해 모아두었다가 전해 준다. 또, 택배회사의 실수로 잘못 배달된 우편물이 있으면 대신 처리하기도 한다.

게다가 프레드는 업무처리가 완벽하게 된 것에만 만족하지 않고 한발 더 나아간다. 규칙적으로 고객을 만나는 그는 우편물을 전해 주며 안부를 챙긴다. 그러다가, 고민이 있으면 함께 이야기를 나누기도 한다. 그는 고객에게 진정한 관심과 배려를 베풀 줄 아는 사람이며 작은 차이를 통해 큰 감동을 주는 기쁨의 연금술사이다.

그렇다면 프레드처럼 살려면 어떻게 해야 할까? 그의 삶의 철학이 담긴 4가지 성공원칙이 있다.

첫째, 매일 '나는 어떤 차이를 만들었는가?' 를 스스로에게 질문하라. 대부분의 사람들은 자신이 정체되어 있다고 느낀다. 결코 중요하지 않은 것들의 노예가 되어 자신의 삶을 컨트롤 하지 못하고 있다는 생각에 사로잡히기도 한다. 당신이 맡고 있는 일이 지극히 평범한 일처럼 보일지라도 매일 작은 차이를 창조하라. 바로 그 작은 차이에 당신이 하는 일의 가치가 숨어 있다.

둘째, 일 자체를 보고 일하지 말고, 사람을 보고 일하라. 다른 여타의 우체부들에게 우편배달은 단지 해야 할 일, 해야 할 의무에 지나지 않았다. 하지만, 프레드에게 우편배달은 사람과 사람 사이의 관계를 잇는 것이었다. 성공비결의 85%는 관계에 있다고 하지 않는가?

일 자체에 집중하지 말고 사람의 마음을 사로잡는 힘에 집중하라. 당신의 일의 진정한 성공은 인간에 대한 순수한 관심과 배려, 경청과 공감이 전제

되어야 가능하다.

셋째, 서비스의 질을 높이는 것에 대해 돈으로 승부하겠다는 생각을 버리라.우체부 프레드가 가지고 있었던 것은 푸른색의 유니폼과 우편물로 가득한 가방 하나. 이것이 전부였다.

그러나, 그는 그 누구보다 자신의 고객에게 즐거움을 선물할 수 있었다. 그는 고객에게 좀 더 나은 서비스를 제공할 수 있는 온갖 가능성을 생각하며 거리를 누볐다. 그가 가치를 창조할 수 있었던 것은 다른 사람들보다 돈을 더 많이 썼기 때문이 아니라, 더 크고 더 넓게 생각하고 열정적으로 베풀었기 때문인 것이다.

넷째, 어제는 어제일 뿐이고 오늘은 완전히 새로운 날이다. 매일 새롭게 시작하라. 프레드가 삶을 신나게 사는 이유는 매일 아침, 잠에서 깨어나 "오늘은 달라질 수 있다"를 다짐하기 때문이다. 어제 어떤 일을 겪었더라도 오늘 위축되어서는 안 된다. 과거는 과거일 뿐이므로 오늘은, 새로운 행동으로 자신의 꿈에 한발 더 다가서야 한다.

프레드는 우편배달이라는 평범한 일을 매우 특별한 관계의 서비스로 변화시켰다. 그는 남이 자신에게 가치를 부여해 주길 기다리지 않고 아무리 사소한 일일지라도 스스로의 일에 능동적으로 가치를 부여하고 살고 있다. 바로 그것이 프레드다운 성실함과 주저함 없는 실행을 가능하게 한 것이다. 프레드를 통해 우리 안의 프레드를 깨워 보자. 프레드 같은 사람이 많아진다면 세상은 놀랍게 달라지지 않을까?

서비스 브랜드 파워로 거듭나라

개인브랜드 성공전략

브랜드는 기업이 소비자에게 상품에 대한 정보를 처리하지 않아도 그 상품을 이해할 수 있게 해주는 단서이다.

개인 브랜딩은 개인의 존재 이유를 간명하게 밝혀주는 작업으로, 이러한 개인 브랜딩을 하면 경쟁자보다 훨씬 유리한 위치를 차지할 수 있고, 자신의 정체성도 찾을 수 있다. 개인의 브랜드자산은 개인이 갖고 있는 이름, 즉 개인의 브랜드를 통해서 창출되는 부가적인 가치를 의미한다. 무엇보다 개인브랜드를 정립하기 위해 선행되어야 할 것이 바로 자신을 이해하는 일이라고 강조한다.

1. 이제는 개인 브랜드이다

자기 개발만으로는 부족하다. 이제는 개인 브랜드이다

평생직장이 사라진 요즘, 내 몸값은 내가 결정해서 내 자신으로부터 평생의 수익을 도출해야 한다. 특별한 경쟁력이 없는 사람이 살아남을 수 있는 공간은 별로 없다. 브랜드화 되어 있는 사람은 단순한 전문가나 특출한 재주가 있는 것만으로는 부족하다. 자신의 능력을 정확히 인식하고, 이를 세상에 정확하게 알려주는 적극적 브랜드마케팅이 있는 개인이어야 한다. 그런 측면에서 인맥을 네트워크화해야 하고, 자기 자신을 가치 지향적으로 주변에 알려야 한다.

어느 마을에 물을 나르는 지게꾼이 살고 있었다.

그 지게꾼에게는 두 개의 항아리가 있었는데 하나는 완벽한 것이었고, 다른 하나는 금이 간 것이었다. 어느 날 금이 간 항아리가 지게꾼에게 말했다.

"우물에서 물을 가득 채워도 물이 새기 때문에 나는 겨우 반밖에 나르지 못해. 나 때문에 열심히 일하는 너까지도 노력의 대가를 인정받지 못하는 것 같아 정말 미안해."

그 말을 들은 지게꾼이 말했다.

"금이 간 항아리야! 저기 있는 길가의 꽃이 보이지? 저 꽃들은 네가 흘린 물을 먹고 저렇게 아름답게 피어난 것이란다. 나는 저 꽃들을 꺾어 주인집을 아름답게 치장해주고 있지."

흠이 없는 사람은 없다.

중요한 것은 자신의 결점을 인정하는 것이다. 조직에서 자신의 결점을 솔직하게 인정할 때 주변 사람들은 너그러워지고 그 결점을 오히려 장점으로 보려 노력한다.

당신의 결점을 나열해 보라. 그리고 그것을 있는 그대로 인정하라.

"A는 아이디어뱅크야. A와 이야기하다 보면 새로운 것을 많이 알게 되거든", "B는 자기관리를 정말 잘하지." 그 사람이 어떤 사람인지 간명하게 이해시켜주는 개념이다. 즉 그 사람 자체가 브랜드이다.

2. 당신 자신을 브랜딩하라

T자형 인재가 되라

전문가란 한 분야에 오래 근무한 사람이 아니라 특정분야에 전문지식을 갖고, 즉시적 대응을 할 수 있는 능력이 있는 사람을 의미한다.

→ 진짜 전문가는 자신의 분야를 진정으로 사랑하여, 누가 시키지 않아도 날마다 그 분야를 생각하고, 더 좋게 만들 방법을 찾아 노력하는 사람이다.

→ T자형 인재(스페셜+제너럴리스트)는 각 분야의 상호관계를 이해하고 있는 사람이다.

경영자에게 필요한 능력은 각 부분의 특징들을 이해하고, 이들이 최상의 하모니를 낼 수 있도록 도와주는 것이다.

3. 브랜드 변화 실천 관리

이제는 변화를 관리하라

개인의 브랜드목표를 정하고, 남은 것은 추진이다. 그런데 꾸준히 추진한다는 것이 쉬운 일이 아니다.

이 때 필요한 개념이 변화 관리이다. 변화에 민감하게 대응하는 개인이 미래를 개척해 나가는 것은 당연하다. 변화의 스케줄과 타인과의 관계를 관리해야 한다. 위기를 극복해야 한 차원 더 높이 발전한다.

4. 브랜드 슬로건

자신을 설명하는 슬로건을 만들어라

'아이디어 드라이버', 'Dream Maker', '행복전도사' 등 이렇게 자신의 정체성을 슬로건으로 정리하여 사용하고 있다. 슬로건은 스스로의 과거와 현재와 미래를 정리하는 아주 좋은 방편이 된다.

'박영실서비스파워아카데미' 박영실의 개인브랜드를 믿고 손 내밀어준 지금까지의 교육담당자와 교육생 모두에게 투명한 브랜드가치로 보답하리라 다짐해 보면서…….

서비스 회복(Service Recovery)

서비스에 대한 불만족은 기업이 제공한 서비스가 고객의 기대에 미치지 못할 경우에 발생한다. 만약 그것이 제품일 경우에는 불량품이 고객에게 전달되기 전에 품질 관리를 통해 불량품을 선별해 낼 수도 있지만 서비스에서는 생산, 전달, 소비가 동시에 발생하는 경우가 많아 품질 관리가 어려우므로 서비스 회복에 초점을 맞춰야 한다.

불량서비스에 대한 처리를 '서비스 회복(Service Recovery)'이라고 하는데, 브리티시 항공(British Airway)사에서는 이러한 사고방식을 경영전략의 일환으로 이용하고 있다.

국영기업이던 브리티시 항공이 민영화될 때, 고객의 만족도를 높이는 방안으로 시도되었던 이 개념은 TARP의 연구결과를 상업적으로 증명한 사례였다(jemke and Sharp. 1990).

어쨌든 브리티시 항공은 서비스 회복을 통해 고객의 충성도를 크게 향상시킬 수 있었고, 또한 다음과 같은 장점들을 파악할 수 있었다.

첫째, 고객의 실망을 회복시키는 노력은 기업경영에 도움이 된다.

실제로 불만족한 고객에게 사유를 설명하는 직원들보다 불만족한 고객을 만족시키는 권한을 가진 직원들의 사기가 더 높았다.

둘째, 고객 불만의 정보를 이용하여 서비스 전달 시스템을 개선하는 데 이용할 수 있다.

서비스에 대한 불만이 별로 없을 때에도 브리티시 항공은 고객이 불만을 쉽게 토로할 수 있도록 하여 이에 대한 데이터를 수집하였다. 그리고 이러한 데이터를 이용해 서비스가 처음부터 제대로 수행될 수 있도록 불량서비스의 근본 원인을 찾아낼 수 있었다.

셋째, 항공기나 항공터미널 같은 하부구조나 악천후 및 천재지변에 의해 많은 문제가 발생될 것으로 예상했지만, 실제로는 내부적인 결함, 즉 고칠 수 있는 결함에 의한 원인이 더 많음을 알게 되었다.

다시 말해 종업원의 태도, 창구에서 기다리는 시간, 계산의 오차, 음식물의 부족 등과 같은 불량서비스의 원인들을 찾아낼 수 있었던 것이다.

■ 업그레이드 파워서비스

지혜로운 서비스

지혜 = 지식 × 열정 + 경험

일본 경영사의 전설적 위인 마쓰시다 고노스케의 수많은 격언 중에서도 잘 알려지지 않은 것이지만 매우 가치 있는 공식이다. 마쓰시다 전기의 설립자이며, 중소기업 경영자의 대표적 위인 마쓰시다 고노스케는 "비즈니스는 지혜로 하는 것"이라고 했다.

필자 또한 서비스는 지혜에서 비롯된다고 생각한다. 지혜로 시작되는 서비스를 지혜로운 서비스로 정한다면, 지혜로운 서비스= 전문지식×서비스철학×시행착오라고 할 수 있지 않을까?

지혜로운 서비스의 구성 요소에는 우선 전문 지식이 있다. 고객의 니즈 파악, 고객의 유형 분석, 상품에 대한 것, 경쟁회사에 관한 것, 필요한 모든 정보를 말한다. 그러나 지식만으로는 부족하다. 서비스 철학이 함께 해야 한다. 여기서 유의해야 할 것은 더하는 것이 아니라 곱한다는 것이다.

쉽게 설명해 곱셈이므로 지식이 100이라도 서비스철학이 0이면 답은 0이다.지식이 5밖에 없어도 서비스철학이 10이라면 답은 50이 된다. 결론적으로 지식이 아무리 풍부해도 서비스 철학이 없으면 성과도 거둘 수 없다는 얘기가 된다.

서비스 철학이야말로 서비스를 신나고 일관되게 실천할 수 있는 힘이 아닐까 생각한다. 하지만 전문지식 서비스 철학만으로는 지혜로운 서비스 실천이 불가능하다. 여기에 경험을 더 해야 한다.

마쓰시다는 경험을 큰 경험, 중간 경험, 작은 경험으로 나눈다. 똑같은 경험이라도 받아들이는 사람의 태도에 따라 그 크기가 달라진다는 것이다.

예를 들어 30년간 회사에 근무하고 타성에 젖어 퇴직을 생각하며 근무하는 사람과 불과 10일 전에 입사한 신입사원이 모든 업무를 새로운 경험으로 느끼며 생활하는 것 중, 어느 것이 더 큰 경험이겠는가? 마쓰시다는 물론 후자라고 한다.

필자는 성공한 경험과 실패한 경험으로 나누고 싶다. 성공한 경험은 서비스맨에게 자신감을 심어준다. 하지만 실패한 경험은 서비스맨에게 교훈을 심어준다. 그 어떤 경험도 서비스맨에게는 피가 되고 살이 되는 것이리라.

행운의 여신이 있다면 그녀는 성공했다고 해서 오만방자한 인간과, 실패했다고 해서 무기력한 인간에게까지 신경 쓸 겨를은 없을 것이다. 자신의 행동으로 인해 기뻐하는 사람들의 표정과 마음을 읽으며 행복해 하고, 자신과 자신의 행동을 자랑스럽게 생각하는 인간에게 호감을 가질 것이다. 여기서 성공과 실패가 갈라진다. 여러분은 어느 줄에 서 있는가?

修身 齊家 治客 得幸福

修身 齊家 治客 得幸福

PSPA교육생이 내게 한 말이다.
처음엔 많이 웃었다.
시간이 흐르고 다시 생각해보니 맞는 말인 듯싶다.

"내 자신을 바로 세우면
가정의 화목이 이루어지고
고객의 마음을 다스릴 수 있을 정도 되면
행복을 얻게 된다."

결국, 행복은 내 자신에 달려 있다는 말!
너무 식상한가? 너무 단순한가?

그러면, 그런 단순한 이치를 실천했는가? 되묻자!
자신 있게 'YES!' 라고 말하기 부끄럽지 않은가!

현대인들은 모두 너무 바쁘고 너무 지쳐 있다.
남에게 신경을 쓰느라 나를 제대로 돌볼 여유가 없다.
하지만 시간을 쪼개자. 쪼개고 쪼개서 자신을 보자.

외면만 보지 말고 내면을 깊숙이 들여다보자. 자신에게 미안하지 않는가!

남에게 했던 배려의 반을 뚝 잘라서 자신에게 투자해 보자!
마음이 여유 있어질 것이다.

여유 있는 마음의 반을 뚝 잘라서 가족에게 베풀어 보자!
가정이 화목해질 것이다.

화목함의 반을 뚝 잘라서 직장동료를 포함한 고객에게 표현해 보자!
고객의 마음을 얻을 수 있을 것이다.

고객의 마음을 얻은 당신,
물리적으로나 마음으로 행복을 얻는 것!
당연한 이치다.

이 세상의 모든 손님을 내 손님으로 만든다는 욕심보다는
나부터
내 가족부터
내 직장동료부터
내 손님부터 신경 쓰고 진심을 다 하자!

며칠 전에 남편과 강남의 단골 복국집을 찾았다. 시원한 국물과 쫀득한 복의 질감이 참 일품인 집인지라 일주일에 한 번 정도 가는 곳이었고, 갈 때마다 손님이 끊이질 않았다. 그 동안 책과 씨름(?)하느라 기력이 약해진 필자에게 시원한 지리복국은 그 어떤 약보다 효과적일 거라 기대하면서…….

그 날도 예외 없이 손님이 북적였고 직원은 우리에게 4명이 앉는 테이블로 안내했다. 이미 두 명의 손님은 마주보고 앉아 식사 중이었는데 우리를 보자 얼굴을 찌푸렸다. 그 손님들에게도 합석에 대한 양해 한 마디 없었던 듯싶었다.

두 사람만의 영역에 침범을(?) 당했으니 기분이 좋을 리 없었겠지만, 우리도 내키지 않았다. 하지만 손님이 많은 터라 둥글게 넘어가기로 했는데, 마침 주문을 하기도 전에 바로 옆에 2명이 앉을 수 있는 테이블이 비었다.

"옆으로 옮겨도 될까요?" 조심스럽게 물어보니 찡그린 직원의 한 마디

"그냥 거기 앉으시죠!"

우리는 대답을 할 겨를도 없었을 뿐만 아니라 적어도 스무 번 이상 마주쳤을 그 직원이 우리를 알아보지 못하는 것도 솔직히 화가 났다. 묵묵히 죄 없는(진짜 맛있던) 복국의 맛만 탓하다가 그 집을 나서며 동시에 한 말

"진짜 맛없지?"

복국집의 그 직원은 많이 바빴다. 그래서 심신이 지쳐있었을 것이다. 그러나 자신이 사장이었다면? 얘기가 달라질 것이다.

진짜 주인은 밀려오는 손님을 받기 전에
직원의 마음에 주인정신을 충전시켜야 할 것이다.

자신을 사랑하지 않고
조직 내에서 관심과 배려를 받지 못한 자
고객에게 절대로 친절을 베풀지 못한다.

그리고
우리 조직과 코드가 맞는 고객이 많이 몰려오게 하라.
밀려오는 고객 속에서 고객을 선택(?) 할 수 있도록
차별화된 서비스문화와 상품을 준비하고 준비하라.

하지만 명심할 것!
'말의 내용은 예리하되, 말의 표현은 부드럽게!'

아울러
당신의 훌륭한 조직을 이용하는 고객임을 자랑스럽게 생각하도록 단골
고객의 자존심을 특별히 높이고 높여줘라!

고객의 자존심을 높이는 것이
자신의 자존심을 높이는 것이므로……

－어느 단골 복국집에서 받은 설움을 토해내며 －

부록

박영실 원장과의 일대일 인터뷰

꿈을 디자인하는 서비스강사 되기 15가지 비법!

서비스철학

修身 마음과 행실을 바르게 닦아 수양함

齊家 집안을 바로 다스림

治國 나라를 다스림

平天下 천하가 평화로워짐

더불어 사는 이 사회가 행복해진다면, 이 사회의 일원인 우리도 보다 행복해지겠지요.

친절과 서비스는 향수와 같습니다. 향수를 뿌리면 주변도 향기롭지만 가장 향기로운 것은 향수를 쥐고 있던 자신의 손이 아닐까요? 친절과 서비스도 마찬가지지요. 친절 서비스를 받는 상대도 행복하지만 자신이 가장 행복해집니다. 상대는 자신의 친절과 서비스에 감사를 표현하겠지요. 말로 하든, 눈빛으로 하든……. 그 느낌이 어떤가요? 아주 좋지요? 그 격려로 인해서 다음 사람에게도 더 잘해 주고 싶은 의욕과 원동력이 생기는 겁니다.

친절은 돌고 도는 것이지요. 행복한 마음으로 가득 찬 사람들이 많은 조직에 가면 행복바이러스에 금방 감염되지 않던가요?

서비스컨설턴트의 정의

저는 삼성에버랜드 서비스아카데미 과장 및 호텔신라 서비스아카데미 과장으로 11여 년 동안 활동한 후 2002년에 제 이름을 걸고 박영실서비스파워아카데미(주)를 설립했습니다. 저는 제가 하는 일이 '꿈을 만들고, 꿈을 실현하는 일' 이라고 생각합니다. 서비스컨설턴트라는 나무에는 크게 줄기가 두 가지라고 보시면 됩니다. 한 줄기는 내적 이미지인 마인드변화를 추구하는 서비스컨설팅이고, 또 다른 한 줄기는 외적 이미지인 표정 및 태도, 의상코디 등의 변신을 추구하는 이미지컨설팅인데요. 우선 서비스컨설턴트로서의 역할을 보면, 기업의 목적인 이윤 창출을 위해서는 고객만족이 어떻게 표현되고 실천되어야 하는지 보다 구체적인 방법으로 서비스를 제시해 주는 등의 전반적인 컨설팅을 해줍니다. 아울러 조직원들이 내·외부 고객에게 왜 친절해야 하는지, 왜 서비스가 기업경영에서 필수인지, 그리고 더 나아가 그 친절과 서비스가 자신에게 어떠한 긍정적인 영향력을 미치는지에 대한 마인드변화 및 확립을 일깨우는 직업이지요. 일반적으로 강의를 통해서 사람의 마음속에 진한 친절에 대한 공명을 전해야 하므로 열정적인 에너지를 발산하게 되는데, 이것이 서비스컨설턴트라는 직업이 주는 가장 큰 매력 중의 하나입니다.

긍정적이고 열정적인 에너지를 타인에게 전달하려면 자신의 마인드와 태도가 몇 배 더 긍정적이고 열정적이어야 하거든요. 결국, 타인을 행복하게 하려는 노력에 비례해서 자신이 더 행복해지는 직업입니다. 그리고 이미지컨설턴트로서의 역할을 말씀드리겠습니다. 추상적으로 들릴지도 모르겠지만 많은 사람들이 꿈을 이루기 위해 내면적인 실력을 쌓는 데 많이 투자하지요. 그런데 그 내면적인 실력이 눈에 보이지 않으면 어떻겠어요? 내가 들어가고 싶어 하는 회사의 면접관은 나의 실력과 능력을 100% 꿰뚫는 천리안을 아쉽게도 갖고 있지 못합니다. 많은 사람들은 그 사람의 보이는 외적 이미지를 통해서 그 사람의 내면적인 능력을 서둘러 판단하고, 또 그것이 확실히 맞는다고 믿는 경향이 있습니다. 자신의 판단을 믿고 싶어 하니까요. 그렇기 때문에 자신의 능력과 성향의 100%를 외적으로 고스란히 끌어내서 효과적으로 표현하는 것이 절대적으로 필요합니다. 그것이 바로 이미지구요. 그런 이미지를 제대로 만들어주는 것이 저처럼 이미지컨설턴트들이 하는 일입니다.

재작년 즈음 저희 사무실로 한 청년이 어두운 표정으로 들어와서 문의를 하더군요. 자신의 표정이 그렇게 어둡냐고……. 자신이 조직폭력배처럼 무서운 얼굴이냐고……. 이유인 즉, 면접을 볼 때마다 번번이 떨어진다는 거예요. 실력은 억척같이 노력해서 남들보다 부쩍 올려놓았는데 말이지요. 참 아쉬웠습니다. 사실 그 청년의 이미지는 덥수룩한 머리에 마치 화가 나 있는 사람처럼 보였거든요. 어깨는 처져 있고 옷차림은 너무 큰데다 표정은 어둡고 말씨는 어찌나 투박하고 고압적이던지요. 설상가상으로 그 청년이 들어가고 싶은 회사는 깔끔하고 친근한 이미지가 절대적으로 필요한 항공사 승무원(스튜어드)이었으니 그 청년의 꿈과 실제의 이미지 사이에는 엄청난 거리가 있었던 거지요. 그래서 일단, 그 청년의 머리스타일을 깔끔하게 정리할 것을 제안하고, 사람을 응시할 때 자연스럽고 편안한 시선 처리와 미소짓는 방법 등을 확실하게 알려 주고 체득하게 했어요. 그런 후에 발음

연습과 억양연습을 통해서 말씨에 변화를 주었습니다. 그리고 그 청년에게 어울리는 칼라의 몸에 잘 맞는 정장을 함께 골라 입고 세련된 워킹 및 자세 등을 함께 연습했습니다. 정말 힘든 과정들이었지만 자신의 꿈을 향해 열심히 훈련한 그 청년은 지금 하늘을 날면서 여러 고객에게 자신의 꿈을 펼쳐 보이고 있습니다.

이처럼 자신이 들어가고 싶어 하는 회사에서 원하는 이미지를 제대로 표현하고 어필해서 입사를 하게끔 도움을 줌으로써 결국 그 사람의 꿈을 실현하는 데 도움을 주는 역할이 이미지컨설턴트의 일이라고 생각합니다.

요즘에는, 취업을 원하는 취업준비생뿐만 아니라 기업 CEO의 이미지의 중요성이 점점 대두 되고 있는 만큼, CEO의 인터뷰스킬 및 포토세션 등 이미지컨설팅 수요가 점점 많아지고 있는 추세입니다.

서비스컨설턴트의 비전

21세기는 서비스와 이미지 시대라고 해도 과언이 아닐 정도로 서비스와 이미지화 바람이 일고 있는 것이 사실입니다. 더욱이 환경이 급변하고 전문화되어 갈수록 사람들은 행복의 가치와 자신의 외모에 관심을 갖게 되고, 영상매체의 발달은 이러한 욕구를 더욱 가중시키고 있는 것 또한 사실입니다. 그러므로 사람들은 갈수록 자신의 내·외적 이미지를 향상시키기를 갈망하게 되고, 이러한 욕구를 충족시켜 주는 직업이 바로 서비스 컨설턴트라고 할 수 있습니다. 어차피 하는 일을 보다 신바람나게 할 수 있는 마음 관리 비법을 전수해 줄 뿐 아니라 개개인의 숨겨져 있던 아름다움을 바깥으로 꺼내주는 직업이니 만큼, 그야말로 행복과 꿈을 키워주는 직업이라 할 만하지요. 그러므로 평소 미적 감각과 관찰력, 분석력이 뛰어나고 누군가를 행복하게 인도하는 일 자체를 즐기는 분이라면 그야말로 비전이 활짝 열려 있다고 말씀드리고 싶습니다.

강사를 꿈꾸는 사람들에 조언 또는 동기부여

하지만 서비스 컨설턴트에게 가장 중요한 것은 자신이 행복과 이미지를 누군가에게 가르칠 만한 자격이 있느냐는 사실입니다. 자신이 행복해야 미소가 나오고 친절이 나온다고 생각합니다. 저는 제 자신의 마음 관리에 특히 신경을 씁니다. 행복해지려고 애를 쓰는 거지요. 행복한 사람의 공통점이 두 가지가 있습니다.

첫째, 자신이 하는 일에 자신감을 갖는 것입니다.

둘째, 여유가 있어서 주변을 돌아보는 겁니다. 주변을 돌아보면서 관심과 배려를 표현하죠. 그것을 일컬어 우리는 흔히 친절이라고 하고 서비스라고 합니다. 결국 친절, 서비스를 표현하는 것은 '나는 행복하다' 라고 외치는 것과 다르지 않습니다. 하지만 그런 마음 관리가 쉬운 것만은 아니지요. 그래서 저는 강의하기 전에 제 마음이 미소짓지 않을 때는 우선 거울을 보면서 얼굴을 미소짓게 합니다. 웃다 보면 나도 모르게 진짜 마음까지 웃게 되는 경험 누구나 한 번쯤은 해보셨을 거예요. 반대로 어린 아이들도 투정부

리려고 일부러 울다보면 나중에는 진짜 아주 흐느끼면서 서럽게 우는 것을 많이 보셨고, 또는 어렸을 때 경험도 있으시지요?

　상황에 따라 둘 중에 하나를 선택해서 사용합니다. 마음을 행복하게 하려고 자신의 좋은 점과 자신의 행운을 생각하는 습관을 갖기도 하고, 이렇게 자신의 몸과 마음을 먼저 향기롭게 만드는 것을 즐겁게 할 수 있는 분이라면, 한 번 도전해 보시기 바랍니다.

　문은 활짝 열려 있습니다.

글을 마치며

전 GE 사장 잭 웰치는 어린 시절 심한 말 더듬이어서
놀림감이 되곤 했다고 합니다.
이런 잭 웰치에게 어머니는
"네가 말을 더듬는 이유는
생각의 속도가 너무 빨라서
입이 그 속도를 따라주지 못하기 때문이란다.
걱정 말아라. 너는 커서 큰 인물이 될 것이다." 라고
늘 격려했다고 합니다.

관심과 격려를 먹고 사는 우리 모두 서로 서로에게
미래를 움직이는 작은 몸짓!
서비스를 표현했으면 좋겠습니다.

북경에 있는 작은 나비의 날개짓이
한 달 후 뉴욕에 폭풍을 불러일으킨다는 나비효과처럼

나의 작은 변화가
동방친절지국을 만듭니다!

우리가 누릴 내일의 행복을 우리 손으로
더 크게 만들어 갑시다!

–동방친절지국 국민 박영실 Dream–